CB014845

Notícia Histórica da Vida e das Obras de José Haydn

Artes&Ofícios

4

Notícia Histórica da Vida e das Obras de José Haydn

J. Le Breton

Edição do Texto
Paulo Mugayar Kühl

Revisão
Renata Maria Parreira Cordeiro

Dados Internacionais de Catalogação na Publicação (CIP)
(Câmara Brasileira do Livro, SP, Brasil)

Le Breton, J., 1760-1819.
Notícia histórica da vida e das obras de José Haydn / J. Le Breton; edição do texto Paulo Mugayar Kühl; revisão Renata Maria Parreira Cordeiro. – Cotia, SP: Ateliê Editorial, 2004.

ISBN 85-7480-180-1

1. Compositores – Áustria – Biografia 2. Haydn, Joseph, 1732-1809 I. Kühl. Paulo Mugayar. II. Título.

04-1100 CDD-780.9436

Índices para catálogo sistemático:
1. Compositores austríacos: Vida e obra 780.9436

Direitos reservados à
ATELIÊ EDITORIAL
Rua Manoel Pereira Leite, 15
06709-280 – Cotia – SP – Brasil
Telefax: (11) 4612-9666
www.atelie.com.br / atelie_editorial@uol.com.br

Foi feito depósito legal
Printed in Brazil
2004

Sumário

Um Elogio a Haydn

Mônica Lucas

Há uma tendência moderna para se encarar a *Notícia Histórica da Vida e das Obras de José Haydn*, lida por Joaquim Le Breton em sessão pública de 6 de outubro de 1810 no Instituto da França, como mais uma biografia. Entendendo-a como tal, no entanto, e comparando-a com outras biografias modernas, o texto de Le Breton parecerá ingênuo, pois o discurso é empolado e tingido pelo exagero das qualidades haydnianas, sem qualquer toque do "realismo" preconizado pelos ideais modernos de uma biografia, e beira até mesmo o ridículo. Não devemos nos esquecer, porém, de que as biografias atuais também procuram compor uma personagem que talvez não esteja mais próxima de refletir o Haydn "real", falecido há cerca de duzentos anos, daquele representado pela obra de Le

Breton, dada a impossibilidade de representá-lo de maneira "verdadeira".

A obra de Le Breton, portanto, provavelmente não contentará aqueles que procuram informações *reais* e *concretas* sobre a vida e o estilo de Haydn. No entanto, sua leitura e reedição modernas são justificadas, se alterarmos nosso enfoque sobre esta obra, buscando, no texto, uma contribuição mais satisfatória do que aquela que se pressupõe pelo valor natural que a publicação detém *per se*: o primeiro livro de música publicado no Brasil.

Se considerarmos o texto de Le Breton, lido em sessão pública, como um *panegírico*, espécie de discurso pertencente ao gênero retórico do tipo epidítico, cuja propriedade é o elogio (ou, mais raramente, a censura) de certo objeto, obteremos conclusões muito distintas a respeito desta obra. Veremos que se trata, de fato, de um discurso fúnebre, em honra de um homem distinto, recém-falecido, na ocasião de seu pronunciamento. E, sendo assim, todo o discurso é pensado como uma espécie de exercício retórico, cujo recurso principal é a amplificação das virtudes do elogiado.

Os séculos XVII e XVIII foram marcados por uma revalorização da Retórica, arte que floresceu na Grécia clássica e no Império Romano, que consiste na faculdade de teorizar os procedimentos adequados para convencer. É importante ressaltar que os três livros que compõem a *Retórica* de Aristóteles[1] foram tomados como

1. Utilizamos a seguinte edição: *Retórica*, Madrid, Gredos, 1990.

referência para inúmeros oradores subseqüentes, não só gregos, mas também romanos e os da Europa seiscentista e setecentista.

A política e a sociedade européias do século XIX reservaram pouco lugar para a prática retórica da Oratória (que tomo aqui em sua forma clássica de discurso público), no que se refere a dois dos três gêneros privilegiados pela oratória clássica: o deliberativo (político) e o forense (judicial). No entanto, mesmo sem mencionar a arte da pregação (*ars praedicandi*), gênero tipicamente seiscentista, o terceiro gênero clássico, epidítico (de elogio ou censura), continuou a ser amplamente utilizado durante todo o século XIX, seja na forma de discursos congratulatórios (na celebração de aniversários, casamentos, falecimentos etc.), na de orações de boas-vindas (para visitantes de um Estado, corte, cidade etc.) ou na de discursos festivos (comemorações cívicas, inaugurações etc.), entre outras formas[2].

O panegírico, ao visar principalmente o elogio, não tem, portanto, como premissa principal o compromisso com a "verdade", como a biografia. Toma como objeto uma pessoa que geralmente tem uma aceitação positiva e unânime (como é o caso de Haydn, que ainda em vida havia alcançado grande fama) e acrescenta grandeza e beleza às suas ações, por meio de amplificações[3]. É importante observar que em um discurso panegírico a atua-

2. Para um estudo mais aprofundado sobre o assunto, cf. G. Ueding, *Klassische Rhetorik*, Munich, Beck Verlag, 1995.
3. *Retórica*, 1468 b 27.

ção do orador é tão importante quanto a matéria do discurso. Dessa forma, o texto de Le Breton deve ser analisado sob dois aspectos: o da sua habilidade de orador e o do retrato da vida e obra de Haydn.

Como afirmamos mais acima, a amplificação constitui o recurso principal da oratória epidítica. Aristóteles a toma como meio de intensificar a importância qualitativa dos fatos sobre os quais versa o discurso, acrescentando ainda que esse gênero é o mais apropriado à prosa escrita, e que sua função se cumpre na leitura[4].

Encarado desta maneira, o discurso de Le Breton assume nova dimensão, uma vez que o que deve ser observado não são os fatos em si da vida de Haydn, mas a elegância formal com que Le Breton os amplifica, revelando o *ethos* que ele atribui à figura de Haydn. Esse último aspecto é especialmente interessante, pois a imagem do compositor, tal como Le Breton a apresenta, está estreitamente vinculada à imagem do gênio criador romântico do início do século XIX.

Este é justamente o ponto em que este discurso se diferencia de um panegírico setecentista. Retórico na forma, preconiza entretanto, no conteúdo, qualidades do homem romântico, não identificadas com as virtudes do *uomo universale*, o homem cortesão, cuja formação, retórica, preza sobretudo as qualidades advindas de uma educação sólida e do conhecimento das sutilezas e das

4. *Idem*, 1414 a 18.

complexas regras de conduta preestabelecidas pelo mundo aristocrático até a metade do século XVIII.

Partindo dessas premissas, convém observar melhor os preceitos aristotélicos (que formam a base dos preceitos clássicos e setecentistas) para o discurso epidítico: Aristóteles entende que todo discurso deve ser esquematizado em partes, com uma introdução (*exordium*), uma narração (*narratio*), uma argumentação (*argumentatio*) e uma conclusão (*peroratio*). Essa estrutura se manteve, com poucas alterações, até as formas de expressão setecentista, e pode ser observada também no discurso de Le Breton.

O *exordium* é a parte mais importante do discurso epidítico, e Aristóteles recomenda que se empregue, além do elogio (ou censura) ao objeto, em traços gerais, um recurso retórico, que consiste nas desculpas que o orador dirige ao público, afirmando sua inferioridade em relação ao objeto representado[5]. Preenchendo esse requisito, que pode ser considerado antes de tudo uma formalidade retórica, Le Breton inclui a citação feita na Grécia a um retórico que queria elogiar um semideus: "Não o podereis fazer maior, e ninguém diz mal dele".

Os elogios que Le Breton atribui a Haydn em seu *exordium* são o epíteto "Príncipe d'Harmonia" e a atribuição de *gênio*, que é a principal propriedade do criador romântico. O artista do início do século XIX deve ser, antes de tudo, original, e produzir a partir de seu

5. *Idem*, 1415 a 5.

próprio *gênio*, seu *eu* interior. Como ideal criativo, no entanto, diferencia-se consideravelmente do ideal artístico-retórico setecentista, segundo o qual o artista deve, antes de tudo, ser um *emulador*, imitador de uma realidade ideal, e para quem a originalidade não pertence ao conjunto das virtudes a serem buscadas. A ênfase dada ao aspecto *original* da produção de Haydn durante o século XIX é refletida em todo o texto, e a expressão desse pensamento é revelada de modo particularmente claro na nota em que Le Breton, ao comentar supostas intrigas contra Haydn provocadas pelo mestre-de-capela imperial Florian Leopold Gassman, menciona que este teria afirmado que "Haydn não tinha imaginação, e que sua reputação se fundava na extremosa habilidade de apoderar [*sic*] e arranjar as idéias dos outros, para as apropriar logo a seu proveito": *defeito* haydniano que poderia ser, paradoxalmente, compreendido retoricamente como uma qualidade, a da *emulação*. Le Breton descreve ainda, em seu *exordium*, outras virtudes do compositor que ele considera dignas de elogio: a modéstia e a perseverança, virtudes de caráter. Propondo-se a "apresentar os sucessos que inflamam a emulação e os exemplos instrutivos que ensinam a sofrer e triunfar sobre a má fortuna", enfatiza que a maior qualidade do homem, a da boa-índole, é dada pela natureza, que sempre vence a fortuna, e faz o homem *genial* triunfar, apesar das adversidades da sorte. Apresenta-nos, desta forma, esse retrato completo do ideal humano virtuoso do século XIX.

No decorrer da narração, Le Breton amplificará a virtude da boa-índole de Haydn, introduzindo, através de exemplos, uma série de qualidades complementares a ela relacionadas: perseverança, resignação, inocência, fortaleza, constância na desgraça, timidez, modéstia, simplicidade, ingenuidade, doçura de caráter, "doce alegria misturada de travessura", conservada "até na velhice", nobreza de alma etc. Apresentará também algumas qualidades morais do compositor, advindas deste atributo natural: gratidão, lealdade à família, aos amigos, aos patrocinadores e à pátria, prática da beneficência, a religiosidade sincera e afetuosa, "que atribui a Deus o sucesso devido somente a seu gênio". Le Breton demonstra estar, mais uma vez, em concordância com o preceito aristotélico que afirma que a demonstração, em um discurso epidítico, deve estar fundamentada na *amplificação*, confirmando que os fatos apresentados são belos e proveitosos[6]: a força da *amplificação* reside em convencer o auditório de que os fatos apresentados, dado que devam fazer-se por si críveis, provêm das virtudes pessoais de Haydn.

Após demonstrar as qualidades morais de Haydn através da descrição de fatos da vida do compositor, Le Breton dispensa uma seção especialmente dedicada à doutrina musical do mesmo, baseada na simplicidade, bela melodia natural, boa seqüência de idéias, poucos ornatos, nada de requintes ou acompanhamentos sobre-

6. *Idem*, 1417 b 31.

carregados, que proporcionam uma visão sobre a estética musical do início do século XIX. Apresenta uma crítica à falta de coerência de idéias – coerência que Neukomm qualifica utilizando o termo *lógica* – dos compositores do início do século XIX, e o excesso de instrumentalismo de suas obras. A crítica sobre a falta de uma linha melódica *cantabile* nas composições da época, que não se encontra mencionada em nenhuma das quatro principais fontes biográficas contemporâneas a Haydn[7], deve provir das concepções musicais do próprio Le Breton, influenciado por uma visão musical comum do início do século XIX, crivada de influências estéticas da ópera italiana. O autor menciona ainda uma crítica de Haydn à preferência do público da época por peças simples e toscas, de estilo baixo, a outras mais elaboradas, de estilo alto, também não encontrada nas fontes biográficas do início do século XIX, e mais comumente utilizadas nas críticas à música de influência italiana, na visão do público mais conservador no final do século XVIII.

Outro recurso retórico comumente utilizado na oratória é o uso da comparação do objeto do discurso com personalidades materiais ou imateriais que tenham repu-

7. Além de um esboço autobiográfico que o próprio Haydn escreveu para uma revista austríaca em 1776, há três biografias consideradas "autênticas", baseadas em entrevistas de seus autores com o então velho Haydn. São elas: *Biographische Notizen über Joseph Haydn*, de G. A. Griesinger (Leipzig, 1810; previamente publicado em capítulos na revista *Allgemeine Musikalische Zeitung*, em 1809), *Biographische Nachrichten von Joseph Haydn*, de A. C. Dies (Viena, 1810) e *Le Haydine*, de G. Carpani (Milão, 1812).

tação garantida. Assim, Haydn é comparado a Orfeu, a Anfião e ao rei David, personagens mitológicas ou bíblicas estreitamente ligadas ao poder patético da música e ao escultor grego Fídias, conhecido como o mais famoso escultor da Grécia clássica. É colocado no mesmo plano que Mozart e acima de Haendel, "que não chegou a ganhar na Inglaterra o título de doutor", como Haydn. Em outra afirmação interessante, Haydn e Neukomm são analogados respectivamente a nada menos que Platão e Aristóteles, como mestre e discípulo, num elogio que amplifica as qualidades de Neukomm, que, sendo amigo de Le Breton e seu companheiro de viagem ao Brasil, é alcunhado "discípulo amado de Haydn" pelo autor do panegírico, sem suporte documental em nenhuma das referências biográficas já mencionadas.

A figura do patrono de Haydn, príncipe Esterházy (independentemente de terem sido três as gerações de príncipes da família Esterházy servidas por Haydn) é benevolentemente amplificada, assim como a do mestre-de-capela Gregor Joseph Werner. É interessante notar que as biografias modernas de Haydn apontam que o relacionamento entre os dois compositores a serviço do príncipe Nikolaus Esterházy, se amigável no início, deteriorou-se posteriormente, vindo a culminar em uma admoestação escrita que Haydn recebeu do príncipe, resultante de intrigas do mestre-de-capela, funcionário mais antigo da corte. A rivalidade só se encerrou com a morte de Werner.

O relato sobre conspirações de compositores menores contra Haydn, entre eles Gassmann, e a defesa proporcionada por Gluck e Mozart também devem ser compreendidas como recursos de intensificação retórica que visam equiparar Haydn a estes grandes compositores. Dispomos de farta documentação comprovando ter sido Haydn um compositor bem-sucedido e admirado por conhecedores e amadores, e que foi tomado como exemplo por muitos compositores contemporâneos seus, no que diz respeito à técnica de composição, sem que hajam sobrevivido relatos de tais intrigas[8].

Outro recurso retórico interessante é a diminuição dos defeitos do compositor durante a argumentação. Aqui, o fato de Haydn não ter se destacado na ópera (italiana), gênero que estava muito em voga na Europa no início do século XIX, é desculpado por uma virtude de caráter: a modéstia que não lhe permitiu ir à Itália aprender a especialidade.

A lealdade de Haydn para com o Barão Van-Swieten ("seu mais antigo amigo"), ao escrever a música para o problemático libreto do oratório *As Estações* também é fato contestado. A relação entre esses dois homens era cordial – tanto quanto a diferença social permitia que ela fosse – e a composição do libreto, que Haydn de fato considerava muito fraco, desgastou a relação entre os dois. Esses acontecimentos são também documentados pelas biografias de Dies e Griesinger. O relato de Le Breton parece não ter outra intenção senão a de amplificar a qualidade moral haydniana da lealdade.

8. Entre os muitos seguidores do estilo de Haydn encontram-se Johann Baptist Vanhal, Sigismund Neukomm, Adalbert Gyrowetz, Ignaz Pleyel etc.

Poderiam ser enumerados ainda muitos outros exemplos de amplificação, assim como da utilização de outros recursos técnicos que mostrem que a intenção deste pequeno discurso de Le Breton era antes elogiar o compositor do que apresentar uma seqüência de fatos históricos da vida de Haydn que visassem a um retrato *realista* deste.

O leitor moderno, atento a essas sutilezas, poderá fazer uma idéia interessante sobre a imagem que se tinha do artista no início do século XIX, e, indo um pouco além em suas considerações, poderá concluir que tal imagem teve alguma relevância para o ideal de conduta proposto pelo código ético-estético da corte portuguesa, em sua permanência no Brasil, que pode justificar a tradução deste panegírico para o português. A obra de Le Breton revela ainda que o compositor austríaco tinha alguma relevância na cena musical brasileira, certamente enfatizada pela presença de Sigismund Neukomm no Brasil e da "Missão Francesa" chefiada por Le Breton.

Em segundo lugar, esta *Notícia* revela aspectos da vida e da obra de Haydn, tal como eram encarados no início do século XIX, sendo, dessa forma, um documento que mostra como se formou a visão de Haydn que ainda predomina em algumas biografias modernas: o mito do velhinho benevolente, modestamente genial, o "Papa Haydn", pintado pelos biógrafos desde Griesinger até hoje e que tem sido amplamente combatido pelos biógrafos modernos[9].

9. H. C. Robbins Landon, G. Feder, J. Webster, E. Sisman, entre outros.

Haydn no Brasil

Paulo Mugayar Kühl

A memória deste grande Mestre da Harmonia merece ser honrada pelas deliciosas sensações que ocasiona a execução de suas admiráveis obras, não me parecendo só digno de louvor e celebridade o que pela descoberta ou exposição de grandes verdades morais, políticas e religiosas iluminam [sic] o nosso entendimento e dirigem a nossa razão, mas, também, além de outros, ainda em maior grau, porque, neste vale da morte, recreiam e distraem os nossos sentidos por um modo inocente, singular e engenhoso[1].

1. Trecho do parecer da censura, de autoria de Mariano José Pereira da Fonseca, sobre o livro de Le Breton, emitido em 6 de dezembro de 1819. O documento está no Arquivo Nacional, Mesa do Desembargo do Paço (Fundo 4K, cx. 171, pacote 3, doc. 39). Em outro parecer, de Franscisco de S. Teresa Sampaio, lê-se: "Examinei o manuscrito junto, 'Notícia Histórica da Vida e das obras de José Haydn', que pretende dar ao prelo Paulo Martins; não encontrei proposição alguma oposta às verdades da religião,

O livro aqui reeditado é a primeira publicação sobre música feita no Brasil[2]. Como se sabe, foi somente com a vinda da corte portuguesa e com a instalação da Impressão Régia em 1808 que se iniciou a publicação de livros no país. O fato de este livro ser o primeiro sobre música poderia ser considerado episódico, porém mais adiante proporemos algumas hipóteses relativas à sua importância. O autor do texto é o bem conhecido J. Le Breton, menos conhecido entretanto por esta sua publicação. O texto foi originalmente lido em uma seção do Instituto de França de 6 de outubro de 1810, publicado no *Moniteur* no mesmo ano e em seguida como brochura[3], e no Brasil em 1820. Uma transcrição moderna do original em francês pode ser lida no livro de M. Vignal[4].

A tradução do texto não é assinada, apesar de o tradutor redigir um prólogo e de acrescentar diversas notas de sua autoria e de Neukomm, e também de incluir quatro apêndices que não existiam no original. Assim, trata-

nem às leis do Estado; e enquanto ao merecimento da composição, julgo que será bem recebida, porque é de mão de mestre, e virá aumentar o pequeno número das obras que se podem ler. Convento da Ilha, 6 de outubro de 1819".

2. A polêmica em torno do *Juramento dos Numes*, de Gastão Fausto da Câmara Coutinho e música de Bernardo José de Souza e Queirós, em momento algum trata propriamente da música. Toda a discussão gira em torno das convenções poéticas do libreto. Cf. *O Juramento dos Numes*, Rio de Janeiro, Impressão Régia, 1813; *O Patriota*, segunda subscrição, n. 4, outubro de 1813, pp. 93 e 94, e os demais textos da polêmica.
3. Paris, Baudouin, imprimeur de l'Institut de France.
4. *Joseph Haydn – Autobiographie et premières biographies*, traduites et presentées par Marc Vignal, Paris, Flammarion, 1997.

se de um livro compósito, em que o texto de Le Breton é anotado por Neukomm e pelo tradutor, resultando em um conjunto um tanto bizarro de informações e comentários. No *Allgemeine Musikalische Zeitung* de 7 de junho de 1820, lê-se de um correspondente (também ele anônimo) a seguinte notícia:

> Também foi publicada aqui uma tradução das *Notices sur Haydn* de Le Breton. O próprio tradutor, Sr. da Silva Lisboa, Conselheiro Real e Deputado da Real Junta do Comércio, Desembargador da Casa da Súplica, etc., homem de erudição muito abrangente, incrementou essas *Notícias* com comentários muito interessantes, retirados de diversos escritos alemães, franceses e ingleses sobre Haydn, e, através de um prólogo no qual ele, como homem de sentimento e gosto, demonstra seu entusiasmo por nosso sempre e absolutamente inigualável Haydn. A brochura tem 84 páginas in-oitavo. O Sr. Mestre-de-Capela Neukomm acompanha o texto com algumas notas autorizadas, por exemplo, com relação às ridículas histórias da mutilação que se tencionava fazer, as quais diversos autores estrangeiros, como uma boa brincadeira, cegamente repetiram; o que certamente não se podia levar muito em conta, pois presumivelmente ignoravam que, na Alemanha, desconhecia-se exemplo de tamanho sacrilégio. É igualmente desmentida uma anedota sobre Gassman, a qual sabe-se lá a partir de que fonte indigna (mas sem nenhuma má intenção) Le Breton inventou.
>
> O Sr. Lisboa não colocou seu nome nessa tradução. Já que, por puro afã pela arte, bem como pela profunda admiração por seus mais eminentes sacerdotes, não poupou esforços para erigir um memorial ao nosso gênio alemão – ainda tão pouco conhecido em nossa terra –, o nome do brilhante tradutor merece lugar de destaque dentre aqueles que difundem a arte, e que, além de só-

lida e extensa erudição, apresenta notáveis qualidades intelectuais e de caráter[5].

Nesta notícia encontramos pelo menos duas informações importantes: a de que o tradutor seria o "Sr. da Silva Lisboa" e de que o correspondente desconfiava das fontes de Le Breton. Quanto ao tradutor, existe alguma polêmica a respeito do assunto. J. Vasconcellos sugeriu que o tradutor seria Bento da Silva Lisboa[6]. Já Victor

5. "So eben erscheint hier eine portugiesische Uebersetzung der *Notices sur Haydn par Lebreton*. Der Uebersetzer derselben, Hr. da Silva-Lisboa, königl. Rath, und Deputado da Real-Junta do Commercio, Desembargador da Casa da Supplica etc. ein Mann von vielumfassender Gelehrsamkeit, hat diese Notices durch viele interessante Züge, die er aus mehrern deutschen, französischen und englischen Schriften über Haydn u.s.w. ausgehoben hat, und durch einen Prolog vermehrt, in dem er als Mann von Gefühl und Geschmack seinen Enthusiasumus für unsern ewig unerreichbaren Haydn rein ausspricht. Die Brochüre enthält 84 Seiten in gr. 8. Hr. Kapellmeister Neukomm hat einige berchtigende Anmerkungen beygefügt, z. B. in Betreff des albernen Mährchens von der vorgehabten Verstümmelung, das mehre auswärtige Schriftsteller, als ein gutes Spässchen, blindlings nachgeleyert haben, was man ihnen freylich nicht zu hoch anrechnen darf, da sie vermuthlich nicht wiessen, dass man in Deutschland kein Beyspiel eines ähnlichen Frevels kennt. Auch ist darin Andekdote über Gassman widerlegt, die Lebreton, der Himmel weiss, aus welcher unlautern Quelle (aber gewiss ohne alle böse Absicht) geschöpft hatte. / *) Von einem andern Correspondenten: Hr Lisboa hat seinen Namen dieser Uebersetzung nicht vorgesetzt; da er aber aus reinem Eifer für die Kunst und aus inniger Verehrung für den höchsten ihrer hohen Priester keine Mühe gescheut hat, um unserm in diesem Lande noch so wenig gekannten deutschen Genius ein Denkmal zu setzen, so verdient des geistvollen Uebersetzers Name einen rühmlichen Platz unter denen, die sich um die Verbreitung der Kunst verdient machen, um so mehr, da ihn, ausser einer eben so ausgebreiteten als gründlichen Gelehrsamkeit, so viele andere höchst achtungswürdige Vorzüge des Geistes und Charakters auszeichnen", n. 23, pp. 401-402.
6. *Os Músicos Portugueses*, I, Porto, Imprensa Portuguesa, 1870, p. 198.

Wittkowski[7] discute a autoria da tradução, sugerindo o nome de Baltazar da Silva Lisboa, o que é repetido por M. Vignal, que contudo não justifica sua proposta[8]. O tradutor poderia igualmente ser o irmão mais velho de Baltazar e pai de Bento, José da Silva Lisboa, Visconde de Cairu a partir de 1826. Da lista de obras conhecidas dos nomes mencionados, nenhuma revela interesse especial pela música. Entretanto, as informações relatadas pelo correspondente do *Allgemeine Musikalische Zeitung*, se corretas, de "Conselheiro Real", "Deputado da Real Junta do Comércio" e "Desembargador da Casa da Súplica", apontariam para José da Silva Lisboa[9], opinião já manifestada por L. H. Correa Azevedo em 1957[10]. Poderíamos então nos perguntar sobre o interesse de um alto funcionário da corte em questões musicais, mas as hipóteses referentes a esse assunto serão tratadas mais adiante.

Dentro do conjunto de biografias sobre Haydn escritas e publicadas no mesmo período[11], certamente a

7. *Música Sacra*, Petrópolis, ano VII, n. 8, agosto de 1944, p. 144.
8. *Op. cit.*, p. 23.
9. Para detalhes da biografia do Visconde de Cairu, cf. B. Silva Lisboa, José da Silva Lisboa, Visconde de Cayru, *Revista do Instituto Histórico Geográfico do Brasil*, 2ª ed., Rio de Janeiro, Typographia Universal de Laemmert, 1856, tomo I, pp. 238-246, e a introdução de Antonio Penalves Rocha ao volume *Visconde de Cairu*, Coleção Formadores do Brasil, São Paulo, Ed. 34, 2001.
10. "Esplendor da vida musical fluminense no tempo de D. João VI. Sigismundo Neukomm no Rio de Janeiro", *Atas do III Colóquio Internacional de Estudos Luso-Brasileiros – Lisboa – 1957*, Lisboa, 1960, pp. 77-88.
11. A. C. Dies, *Biographische Nachrichten von Joseph Haydn* [...] (1810); G. A. Griesinger, *Biographischen Notizen über Joseph Haydn* (1810); N.-E. Framery, *Notice sur Joseph Haydn* (1810); G. Carpani, *Le Haydine, ovvero lettere su la vita e le opere del celebre maestro Giuseppe Haydn* (1812).

de Le Breton não é a mais significativa do ponto de vista do rigor dos dados ou da qualidade das informações. Pertencente ao grande grupo das biografias artísticas e, mais especificamente, das biografias de músicos, Le Breton escreve um elogio a Haydn, seguindo diversas convenções formais e retóricas próprias ao gênero (ver texto de Mônica Lucas nesta edição). Em muitos trechos, Le Breton segue de perto os textos de Griesinger e de Framery, especialmente em alguns episódios anedóticos da vida de Haydn. Há uma disputa entre as fontes, e também em estudos posteriores, quanto à veracidade dos fatos apresentados pelos diversos biógrafos. Carpani, o último dos biógrafos pioneiros, tentou compor um texto mais abrangente, mas cujo resultado não foi especialmente mais rigoroso. Lembramos também que Stendhal, em suas *Vies de Haydn, de Mozart et de Métastase* (1814) seguiu a obra de Carpani sem citá-lo, criando, mais uma vez, um híbrido de ficção, crítica e história.

Trata-se de um problema colocado pelo próprio gênero da biografia: ao enumerar diversos fatos, muitos deles a partir de fontes secundárias, as biografias acabam por sedimentar uma visão muito particular de seus biografados; somado a isso, ainda existem as diversas convenções retóricas e literárias próprias do gênero, construindo um misto, muitas vezes indecifrável, entre ficção e realidade. Não queremos com isso diminuir a importância do texto de Le Breton, mas apenas lembrar ao leitor que esta vida de Haydn deve ser lida como um documento, com diversos níveis de significação e não, como uma biografia "verídica" do músico.

Se as biografias artísticas (vida e obra) ganham uma forma mais definida com Vasari para arquitetos, pintores e escultores já no século XVI, no caso da música há um relativo atraso: somente no final do século XVIII surgem biografias de músicos. Podemos levantar algumas hipóteses para explicar esse fato: os músicos estiveram mais associados ao lado "serviçal" da sociedade, pelo menos até a segunda metade do século XVIII e, desse modo, não seriam dignos de serem biografados; a disciplina "história da música" não nasce como a "história da arte", na qual vida e obra são discutidas em associação; nos tratados de música, em geral, existe a referência à Antigüidade e a seus músicos, não havendo uma preocupação propriamente biográfica, mas apenas referências a fatos esporádicos; a música em geral é tratada, nos escritos teóricos, em seus aspectos formais (contraponto, melodia, ritmo etc.) ou sua execução é analisada, sendo a tradição importante e a continuidade fundamental; mesmo em momentos de crise ou de grandes mudanças, como no início do século XVII na Itália, ninguém se perguntaria sobre a vida dos artistas que propuseram alguma transformação no curso da música, e a explicação jamais esteve na biografia, e sim, nas propostas artísticas; durante o século XVII são raros os textos de reflexão musical, já no século XVIII, ao contrário, há um grande debate europeu sobre a música e a ópera, mas a pessoa do músico está praticamente ausente; três historiadores pioneiros da música, J. Hawkins[12], Dr. Burney[13] e Padre Martini[14], erigiram suas obras monumentais sobre as transformações da música, e não especificamente sobre as pessoas que as realizaram (ainda que já comece a surgir um gosto por episódios biográficos).

Assim, com poucas exceções, o gênero "biografia artística de músicos" é uma invenção do final do século XVIII e quase sempre intimamente associado a um elogio[15]. Além disso, em um período em que se desenhava mais claramente uma história da música "científica", no início do século XIX, estão presentes também diversas

12. *General History of the Science and Practice of Music*, 1776.
13. *A General History of Music from the Earliest Ages to the Present Period*, Londres, 1776-1789. Burney faz alguma concessão ao interesse anedótico por episódios biográficos. Em seu prefácio, escreve: "[...] and though the mixing biographical anecdotes, in order to engage attention, may by some be condemned, as below the dignity of science, yet I would rather be pronounced trivial than tiresome; for Music being, at best but an amusement, its history merits not, in reading, the labour of intense application, which should be reserved for more grave and important concerns", vol. I, 2ª ed., fac-símile N. York, Dover, s/d, p. 19. Desse modo, para tornar mais interessante o texto de sua história da música, o autor pode apelar para os episódios biográficos, evitando, assim, o tédio e até a falta de *wit* atribuída à obra de Hawkins.
14. G. B. Martini, *Storia della Musica*, Bolonha, Lelio dalla Volpe (tomo I – 1757; tomo II – 1770; tomo III – 1781).
15. Como é o caso do *Elogio del Jommelli, o sia Il progresso della poesia, e musica teatrale* (1785), de Saverio Mattei. O fac-símile da edição original pode ser lido em S. Mattei, *Memorie per servire alla vita del Metastasio ed Elogio di Jommelli*, Sala Bolognese, Arnaldo Forni, 1987. Mesmo as *Mémoires ou essais sur la musique*, de A. M. Grétry, de 1789, são vistas por um comentador moderno como algo original no contexto da época. Cf. M. Mongrédien, *Les Mémoires ou essais sur la musique*: un compositeur à l'écoute de lui-même, em P. Vendrix (org.), *Grétry et l'Europe de l'Opéra-comique*, Liège, Mardaga, 1992.

distorsões e versões fantasiosas sobre a vida de músicos e suas realizações[16]. As biografias de Haydn surgem, desse modo, em um momento em que há um crescente interesse pelas vidas dos músicos, tanto em escritos com vocação científica como naqueles literários. E a biografia escrita por Le Breton é um cruzamento dessas duas tendências.

A exaltação do músico é com certeza a preocupação predominante do autor e também pode ser percebida no prólogo do tradutor. Este ressalta, logo no primeiro parágrafo, a importância das biografias de homens ilustres e a necessidade de aí incluir os músicos, para, em outro momento, lembrar a providencial vinda de Le Breton e Neukomm para o Brasil, "país que há muitos anos conhece e tem aplaudido nos templos, teatros e concertos particulares os diferentes gêneros de música daquele original compositor", reafirmando assim uma possível relação entre o Brasil, sua música e Haydn. Aqui talvez encontremos uma pista para compreender o interesse pela vida de Haydn, por sua obra e sua divulgação no Brasil, naquele momento específico da história do país.

Desde o final do século XVII a família dos Bragança demonstrava especial atração pela música, sobretudo a de origem italiana. D. João V criou diversas instituições promotoras de música (principalmente religiosa),

16. Para um exemplo detalhado, cf. J. Haar, "Music of the Renaissance as Viewed by the Romantics", *The Science and Art of Renaissance Music*, ed. P. Corneilson, Princeton University Press, 1998.

estreitando as relações com a música italiana da época (em particular a napolitana), como oposição às tradições espanholas. D. José I foi grande admirador das óperas italianas e seu principal mecenas em Portugal; D. Maria I, ainda que obrigada a reduzir a dimensão dos espetáculos por motivos variados, nunca deixou de prestigiar e incentivar a produção operística. D. João continuou essa tradição e, mesmo com a transferência da corte para o Brasil, tentou manter o estímulo à música e à ópera. A figura central das atividades musicais (especialmente operísticas) era Marcos Portugal, compositor de sucesso na Itália, diretor do Teatro São Carlos em Lisboa até 1811, quando finalmente veio ao Brasil.

Do ponto de vista de uma história mais tradicional e nacionalista da música brasileira, Marcos Portugal seria o grande rival do Padre José Maurício, um dos ilustres filhos da terra[17]. Assim, diante de uma música "estrangeira", o talento do mulato José Maurício seria a alternativa mais autenticamente brasileira, e os confrontos e intrigas envolvendo os dois músicos seriam o foco de interesse de diversos estudiosos. De um lado, a exuberante música dos italianos, ligada a uma vasta tradi-

17. Cf. Araújo Porto Alegre, "Sobre a Vida e Obras do Padre José Maurício Nunes Garcia", *Revista do Instituto Histórico Geográfico do Brasil*, tomo XIX (tomo VI da Terceira Série – 1856), Rio de Janeiro, Imprensa Nacional, 1898, pp. 354-369, e toda a posteridade que insiste na oposição entre os dois músicos. Também deve ser mencionada a constante insistência sobre o gênio difícil ou a falta de caráter, comumente atribuídos a Marcos Portugal. É como se a ganância e o caráter do músico português fossem mais importantes do que sua própria obra.

ção operística, já em "decadência", diante da qual alguns críticos do norte da Europa torciam o nariz. De outro, uma música mais "séria" e "respeitável", ligada à tradição "germânica" e, misteriosamente vinculada a ela, o Padre José Maurício, talento natural da própria terra. Cria-se, desse modo, uma oposição entre um lado sério e "brasileiro" e outro exuberante e italiano. A publicação da vida de Haydn, nesse contexto, teria então como objetivo fortalecer o lado germânico; através de seu caráter exemplar, a vida de Haydn e o rigor de suas obras desempatariam uma disputa entre as duas facções, pelo menos no nível da reflexão teórica. É importante lembrar que o confronto entre estilos nacionais, "alemão" e "italiano", já se configurara na Europa, com variados desdobramentos, e, no Brasil, desenvolve-se através dos compositores mencionados.

Devemos igualmente recordar que já em Portugal eram raros os textos com reflexões mais consistentes sobre ópera e música; no caso do Brasil, ao se escolher um texto específico como primeira publicação para a área, a preocupação em acentuar o confronto José Maurício/Marcos Portugal, com ênfase no primeiro, mostra-se essencial. A idéia de um Padre José Maurício dócil, modesto, de boa índole parece encontrar ressonâncias na vida de Haydn, por oposição a um Marcos Portugal "mercenário". Além disso, publicar um livro sobre Haydn no Brasil poderia soar como uma crítica à ópera italiana (um dos pilares dos espetáculos da corte portuguesa) e a seus reflexos na música religiosa[18], já que o forte da produção do compositor austríaco não se ligava a esse gênero, e sim, à música instrumental e religiosa; mais uma vez, a ênfase é dada àquilo que era diverso da produção de Marcos Portugal. Podemos então nos perguntar sobre os motivos que levariam a imprensa oficial e um importante funcionário da corte a interferir nesse embate, sobretudo posicionando-se a favor de um lado que não era o promovido pela família real.

Certamente se trata de relações sutis. Pela documentação conhecida até o momento, é difícil concluir algo sobre o "confronto" entre José Maurício[19] e Marcos Portugal. Aliás, com relação a este último compositor, a bibliografia é escassa e deixa muito a desejar[20]. De qualquer modo, o alinhamento acontece entre José Maurício, J. Le Breton e S. Neukomm, e Haydn aparece aqui como o grande exemplo a ser seguido. Na mesma edição do *Allgemeine Musikalische Zeitung* em que aparece a notícia sobre o livro de Le Breton, lê-se:

> [...] Recentemente a Capela Real apresentou o *Requiem* de Mozart com grande êxito, e, apesar de o primeiro Mestre de Ca-

18. Uma das críticas dirigidas por estrangeiros à Capela Real era a de que a música na Igreja e no teatro era a mesma.
19. O livro de Cleofe P. Mattos, *José Maurício Nunes Garcia – Biografia*, Rio de Janeiro, Ministério da Cultura, 1997, apresenta diversos documentos e episódios da vida do músico brasileiro.
20. M. P. P. A. Carvalhaes, *Marcos Portugal na sua musica dramatica*, Lisboa, Typographia Castro Irmão, 1910; J. P. Sarraute (org.), *Marcos Portugal – Ensaios*, Lisboa, Fundação Calouste Gulbenkian, Serviço de Música, 1979.

pela do país, Marcos Portugal, não gostar de introduzir música de outros junto às suas, nós esperamos ouvir também, através dos esforços do Sr. Neukomm e do Padre [José] Maurício, a *Criação* de Haydn. As pessoas já estão ocupadas com as cópias das vozes[21].

Assim, uma oposição entre Marcos Portugal e os outros músicos se delineia; mais do que isso, as implicações dessa oposição serão multiplicadas pela posteridade e aproveitadas, como já se disse, por parte da historiografia musical brasileira, que procurará destacar o talento nacional de José Maurício. Correa Azevedo insiste na importância da vinda de Neukomm e sugere um significado preciso à sua presença no Brasil:

Na realidade, a presença de Neukomm no Rio de Janeiro era preciosa à política de luzes e de engrandecimento cultural instaurada pelo Conde da Barca, que havia mandado vir de Paris, nesse mesmo ano, a famosa Missão Artística [...][22].

Desse modo, Neukomm seria um representante ilustrado da nova música e Marcos Portugal, um resquício da ópera italiana do século XVIII. Certamente a antipatia

21. "[...] Von der Königl. Kapelle ist kürzlich das Mozart'sche *Requiem* mit sehr glücklichem Erfolg gegeben worden, und, obgleich der hiesige erste Kapellmeister Marco Portogallo nicht gern andere Musik neben der seinigen aufkommen lässt, haben wir doch Hoffnung, nächstens durch Hrn. Neukomm und des Pater Mauritius Bemühungen auch Hayd'ns [*sic*] *Schöpfung* zu hören. Man ist bereits mit dem Ausschreiben der Stimmen beschäftigt." *ed. cit.*, p. 401. De Mozart também foi apresentado o *Don Giovanni* em setembro de 1821.
22. *Op. cit.*, p. 79.

com relação ao compositor português em nada colaborou para uma compreensão mais aprofundada de suas obras, nem para entender os motivos que levaram à publicação deste livro no Brasil em 1820. Se considerarmos a hipótese de que os membros da chamada "Missão Francesa" se alinharam a uma facção antilusitana, pelo menos no que diz respeito ao estabelecimento de novas tradições artísticas, o interesse de Silva Lisboa por Haydn e a tradução do texto de Le Breton podem confirmar a intenção deliberada de confronto com a tradição operística italiana, capitaneada por Marcos Portugal. Entretanto, é sempre importante lembrar que a ópera italiana permaneceu como espetáculo preferido do público carioca, o qual assiste, na década de 1820, à chegada triunfal das obras de Rossini.

A edição brasileira de Le Breton, como já se disse, apresenta o prólogo do tradutor, o texto do autor francês, e quatro apêndices, que procuram completar as informações presentes no texto francês, sempre com o intuito de enaltecer as virtudes de Haydn e de dar ao público a visão mais completa, disponível na época, sobre o compositor. Além disso, existem as notas do tradutor e as de Neukomm, que relativizam algumas das informações fornecidas por Le Breton. Tem-se a impressão de que se trata de uma tentativa de compilar tudo o que havia de disponível sobre Haydn, para oferecer ao público brasileiro a obra mais completa possível, revelando erudição e grande atenção pela música por parte do tradutor. Para o gosto moderno e para padrões mais "científicos" de história da música, trata-se então de um livro muito estranho, rico porém de implicações e significados ainda a serem revelados.

Sobre a Presente Edição

Optamos por modificar a pontuação e modernizar a ortografia para facilitar a leitura. A contração da preposição *de* com o início de nomes, como por exemplo d'Haydn ou d'Esterházy, foi eliminada. Mantivemos o uso de objetos diretos preposicionados, a tradução dos prenomes (José e Miguel Haydn etc.), as construções muito próximas do francês, e o uso de determinadas palavras que talvez soem estranhas: música como adjetivo (*composição música*), overtura, e os galicismos jelosia e chefe d'obra, tradução literal de *chef d'œuvre* (note-se que em dois momentos o tradutor usa o substantivo composto obra-prima). No caso de palavras que admitem formas paralelas, como dous/dois, cousa/coisa, rebeca/rabeca, minuete/minueto, escolhemos a forma mais usual no presente. O uso de maiúsculas para diversos substantivos não seguia um padrão definido e, desse modo, optamos por deixar os substantivos simples em minúsculas; sabemos que, com isso, um pouco do sabor do texto se perdeu. Mantivemos e uniformizamos o uso de M. para *Monsieur*. As diferenças entre a edição francesa e a tradução brasileira e outros comentários estão indicados em notas (N. do E.). Para facilitar a leitura, transpusemos as notas que originalmente se encontravam ao final do texto, sempre indicando seus autores; as notas sem indicação de autor são do próprio Le Breton. Quando necessário, citamos entre colchetes o original francês; as demais informações entre colchetes são igualmente de autoria dos editores.

Agradecimentos

Gostaríamos de agradecer Glícia Campos, Chefe da Divisão de Música e Arquivo Sonoro da Fundação Biblioteca Nacional do Rio de Janeiro, sempre gentil e atenciosa. Agradecemos igualmente à Fapesp, que financia duas pesquisas em andamento, uma sobre a ópera da corte portuguesa no Brasil e outra sobre o humor na obra de Haydn, das quais esta publicação é uma apresentação parcial de resultados.

NOTICIA HISTORICA

DA VIDA E DAS OBRAS

DE

JOSÉ HAYDN,

DOUTOR EM MUSICA,

MEMBRO ASSOCIADO DO INSTITUTO DA FRANÇA

E DE MUITAS ACADEMIAS.

LIDA NA SESSAÕ PUBLICA DE 6 DE OUTUBRO DE 1810

POR

JOAQUIM LE BRETON,

Secretario Perpetuo da Classe das Bellas Artes,
Membro da de Historia e Literatura antiga,
e da Legião de Honra.

TRADUZIDA EM PORTUGUEZ

POR HUM AMADOR,

E DEDICADA AO SENHOR

SEGISMUNDO NEUKOMM,

Cavalleiro da Legião de Honra, Membro da Sociedade Real de Musica da Suecia, da Sociedade Imperial Philarmonica de S. Petersburgo, da Academia Real das Sciencias de París, &c.

RIO DE JANEIRO. NA IMPRESSÃO REGIA.

M. DCCC. XX.

Com Licença da Meza do Desembargo do Paço.

Prólogo

Um dos sinais de adiantamento da civilização no corrente século é não só o dar-se geral apreço à biografia dos homens ilustres, mas também o elevar ao predicamento destes os compositores de música, que adquiriram celebridade pelo seu espírito inventor na ciência da música, que sustenta muitas artes liberais, é ligada às teorias da matemática e física, e tanto contribui ao esplendor do culto divino. Os antigos poetas e historiadores até fizeram apoteoses aos músicos da intitulada idade de ouro, como aos Orfeus e Anfiões, postos a par dos fundadores dos Estados, atribuindo-lhes os primordiais estabelecimentos e os encantos da sociedade civil.

Em a *Nova Enciclopédia* de Edimburgo[1], de recente edição, já apareceu no artigo "Haydn" a vida deste grande homem; e no artigo "Library" se menciona o projeto começado no século décimo sétimo pelo imperador Leopoldo e pelo rei da Baviera de uma biblioteca das principais obras dos compositores de música da primeira ordem, cujo projeto se tentou igualmente em Paris em 1804. Em uma obra alemã, publicada em 1817 em Leipzig, com o título de *Literatura Música*[2] [*sic*], se fez um sistema compreensivo, dividido em 88 diferentes ramos, contendo completo catálogo de toda a música e o número e espécies de instrumentos para que é composta, com o seu preço e lugar da publicação. Na verdade, há tão boa razão para se transmitirem à posteridade os monumentos do progresso do espírito humano na acumulada sabedoria das idades, como os tesouros de harmonia da ce-

1. *N. do E.*: O autor deste prólogo refere-se à *Encyclopædia Britannica*, cuja primeira edição é de 1768-1771. Na segunda edição (1777-1784), foram incluídos, entre outros acréscimos, artigos biográficos. A terceira edição é de 1788-1797 e a quarta, de 1801-1809. Para maiores detalhes, cf. o verbete "Encyclopædia Britannica" da própria enciclopédia (utilizamos a edição *Encyclopædia Britannica Online* – http://members.eb.com).
2. *N. do E.*: O autor deve referir-se a *Handbuch der musikalischen Litteratur: oder allgemeines systemat. geordnetes Verzeichniß der bis zum Ende des Jahres 1815 gedruckten Musikalien, auch musikal. Schriften u. Abbildungen mit Anzeige der Verleger u. Preise*, Leipzig, A. Meysed, 1817 ou a *Handbuch der musikalischen Literatur: oder Verzeichnis der im Deutschen Reiche, in den Ländern des deutschen Sprachgebietes sowie der für den Vertrieb im Deutschen Reiche wichtigen, im Auslande erschienenen Musikalien, auch musikalischen Schriften, Abbildungen und plastischen Darstellungen mit Anzeige der Verleger und Preise* (Whistling, Carl Friedrich Leipzig), Hofmeister, 1817. Como não foi possível consultar nenhum dos dois volumes, é difícil estabelecer com precisão qual teria sido usado pelo autor do prólogo.

lestial arte, que exalta todos os espíritos para conceberem dignas idéias da glória na vida futura.

M. Le Breton, pensionário de S. Majestade nesta corte, há pouco falecido, deu à luz na França a presente *Memória*, que em 1810 havia lido no Instituto Nacional (ora Academia das Ciências) de Paris, sobre a vida e obras do celebrado José Haydn, adindo notícias do irmão deste insigne compositor, declarando no fim dela os seus principais discípulos que depois têm florescido com grande crédito de suas composições, que bem caracterizam a escola do mestre, dizendo que entre eles fora especialmente o seu predileto M. Neukomm.

É digno de consideração que a Providência permitisse vir a esta primeira corte do Novo Mundo o secretário do dito Instituto da classe das Belas-Artes e o amigo de Haydn. Esta circunstância, por si só, dá apologia à presente tradução da dita memória em um país que há muitos anos conhece e tem aplaudido nos templos, teatros e concertos particulares os diferentes gêneros de música daquele original compositor.

O principal fundo da mesma memória está incorporada no citado artigo da referida enciclopédia. Para se formar um conceito dos redatores, basta aqui transcrever o seguinte imparcial juízo que fazem da preeminência de Haydn, reconhecendo todavia que seria exageração atribuir em tanto número de suas obras igual sublimidade. Eles o constituem acima de Mozart. Não sendo da competência do tradutor o critério da comparação, persuadido de que ambos esses autores são de talentos incomensuráveis no seu gosto e gênio especial, simplesmente põe aos olhos dos leitores o que ali se diz:

> A fertilidade da imaginação de Haydn é conspícua em qualquer das suas obras, e as suas composições são sempre novas. Talvez não foi [*sic*] tão bem-sucedido na música vocal como na instrumental. Nenhum compositor jamais o igualou na distribuição da música na orquestra, ou chamou as potências de cada instrumento em solo, ou em concerto, a tão eminente grau. Nisso excedeu a todos os predecessores e contemporâneos e está sem rival nas sinfonias, atendendo-se à unidade do desígnio, à relação das partes, e à ostentação de grandeza que assombra ao ouvinte. É compositor de perpétua novidade e que jamais imita a si mesmo. É fato extraordinário que o lapso de tantos anos não teve [*sic*] o efeito de diminuir a qualidade de suas composições: o primeiro quarteto e o último são excelentes, com pouca diferença no estilo. Haydn se aventurou à nova carreira e foi feliz; outros o seguiram com duvidosa aprovação. Se Mozart não tivesse prematura morte, ele aproximar-se-ia em excelência a Haydn, que tem direito a ser intitulado o primeiro dos mestres modernos da música.

Justo é que no Brasil se dê algum reconhecimento público a quem se mostrou ser um prodígio da espécie humana na ciência da harmonia, que na Espanha foi o principal herói do poema de música de D. Yriarte[3], e que em Inglaterra teve o mais honorífico acolhimento das pessoas reais e do público esclarecido, que se congratulou de ter visto o gênio da Alemanha, que, no fim do século passado, duas vezes visitou a pátria de Newton (que

3. *N. do E.*: *La Música, Poema*, por D. Tomas de Yriarte, Madrid, En la imprenta real de la Gazeta, 1779.

fez a teoria comparativa da luz e do som) e onde parece ter adquirido estro duplicado para produzir as suas mais científicas composições; indo, depois de volta a seu país, no último quartel da vida, legar à humanidade a esplêndida obra da *Criação*, admirada em toda a Europa, em que esse fundador de canto novo parece haver transcendido a esfera mortal, tendo a alma elevada a Deus, com pensamento sem protótipo na história da música.

Para maior complacência dos amadores se acrescentam por apêndice à presente *Memória* algumas anedotas extraídas do *Dicionário Histórico dos Músicos* de M. Charon[4], e da *Biografia de Haydn e Mozart* por M. Bombet[5], traduzida pelo *Coletor das Melodias Sagradas*[6], oferecendo-se também versos em louvor da música e daquele que M. Le Breton justamente intitulou, perante o corpo acadêmico de Paris, o Príncipe da Harmonia.

Havendo este panegirista de Haydn feito, por vezes, menção com honra do nome do senhor Neukomm, recor-

4. *N. do E.*: Al. Charon & F. Fayolle, *Dictionnaire historique des musiciens, artistes et amateurs, morts ou vivans...*, Paris, dezembro de 1810-novembro de 1811, 2 vols.
5. *N. do E.*: O tradutor refere-se à obra de Stendhal, *Vies de Haydn, de Mozart et de Métastase*, publicada pela primeira vez em 1814 sob o pseudônimo de H. Beyle. Stendhal, na verdade, faz uma combinação de textos: para a vida de Mozart, usou o texto de C. Winckler (*Notice biographique de Jean-Chrysostome Wolfgang Theophile* Mozart, Paris, 1801, por sua vez baseado em Schlichtegroll) e para a de Haydn, as cartas de G. Carpani.
6. *N. do E.*: O autor refere-se a William Gardiner. Cf. *The Life of Haydn, in a Series of Letters Written at Vienna. Followed by the Life of Mozart, with Observations on Metastasio, and on the Present State of Music in France and Italy. Translated from the French* [by R. Brewin]... *With notes, by the Author of the Sacred Melodies* [*i.e.*, William Gardiner], Londres, John Murray, 1817, reeditado em 1818.

rendo ao seu informe na exposição dos fatos da vida daquele taumaturgo melodista, não é possível preterir a satisfação do foro devido ao mérito reconhecido e excelente caráter desse discípulo amado, um dos compositores do século de profundo saber e apurado gosto (que já também entrou no dito dicionário), valendo-me da sua boa autoridade, como de fiel de testemunha e juiz competente para retificar algumas passagens da *Memória* de M. Le Breton; ajuntando as notas que teve a bondade de comunicar a quem lhe pediu o obséquio de aceitar a dedicatória desta tradução. Espera-se que sejam agradáveis aos leitores que se interessam em solenizar a memória do grande preceptor, que formou o gênio daquele seu aluno, que ora tem nobres títulos ao respeito e afeto dos habitantes deste reino; porque, em gratidão pública e piedade filial, não podendo erguer altar a seu mestre, como fez Aristóteles a Platão, levantou-lhe sobre o túmulo decoroso monumento, com o simples nome "José Haydn" e o clássico epitáfio "Non omnis moriar"[7]; e também porque deixou aos amadores de todos os países o *Memorial da Imagem do Espírito* daquele que intitula pai, no clássico arranjamento com que adaptou ao piano as partituras da dita insigne composição e dos oratórios das *Sete Palavras na Cruz* e das *Quatro Estações*, a fim de generalizar o gozo desses (por assim dizer) presentes do céu, ainda nos gabinetes dos curiosos, dando acesso aos cra-

7. *N. do E.*: "Não morrerei por inteiro". Palavras de Horácio, *Carm.* 3, 30, 36.

vistas de mão destra, para se formar idéia da majestade de tais obras, bem que não se podem executar com plena enlevação sem a inteira orquestra, cuja cantoria exige a observância do preceito do rei salmista. "Psallite sapienter". Ps. XLVI v. 8[8].

8. *N. do E.*: *Quoniam rex omnis terrae Deus, Psallite sapienter* [Pois o rei de toda a terra é Deus, tocai música para mostrá-lo].

Notícia Histórica da Vida e das Obras de José Haydn

Joaquim Le Breton

Há nomes tão consagrados pela admiração e estima que é quase impossível celebrá-los. Os sentimentos que inspiram excedem todos os conceitos do orador e causam receio de que não se lhe aplique a resposta dada em uma cidade famosa da Grécia a um retórico, que pretendia recitar em público o elogio de um semideus: "Não o podereis fazer maior e ninguém diz mal dele".

Ainda que não sejamos tão severos, como em Lacedemônia, a respeito de elogios e vãos discursos, contudo julgaria merecer a censura feita àquele retórico grego se eu empreendesse provar a preeminência de Haydn, sua fecundidade incomparável, a sua graça encantadora, e todas as mais qualidades que o fizeram tão recomendável. O prazer sempre novo que a sua música faz sentir ensina melhor a julgá-la do que todos os elogios.

Este grande artista, este *Príncipe da Harmonia*, criou a si mesmo e se elevou de uma profunda escuridade ao maior grau de fama; poucos homens tiveram como ele tanta necessidade de coragem e constância para vencer os obstáculos que naturalmente se acham nos caminhos da glória e que servem para distinguir o gênio do mérito ordinário; e ainda mais para evitar os escolhos que a fortuna cega lança na derrota da vida, o que se lhe pode argüir de injustiça, porque mais se assemelham a ciladas para amortizar os talentos superiores do que a provas para fazer reluzir a sua capacidade. Os escolhos entre que Haydn andou errante perto de vinte anos, sem poder sair deles, foram a pobreza e, às vezes, a miséria, próprias a extinguir até a chama do gênio.

Prescindindo, pois, de assoalhar aqui a reputação de Haydn, que toda a Europa aclama por imortal, vou apresentar, com a fidelidade e simplicidade da história, um ente isolado, que adquiriu celebridade, apesar da sorte ciosa que pareceu querer sufocá-lo desde o berço. Neste Ginásio das Belas-Artes, no mesmo dia em que nele se distribuem as mais brilhantes coroas, no meio aos vencedores e vencidos, que ambicionam a ilustração dos talentos, convém referir os grandes sucessos que inflamam a emulação e os exemplos instrutivos, que ensinam a sofrer a má fortuna e, por fim, a triunfar dela.

José Haydn nasceu em 31 de março de 1732, sendo filho de um pobre carpinteiro de carros da vila de Rohrau na Áustria, sita nas fronteiras da Hungria, distante doze léguas de Viena.

O pai de Haydn, sem saber a música por princípios, amava a esta arte com paixão; de sorte que de noite, descansando das fadigas do seu trabalho, tocava uma sua má harpa, em que acompanhava as árias que cantava de cor com sua mulher; seu filho José as repetia ainda na velhice. Isto sem dúvida foi o que desenvolveu o instinto músico dos três filhos daquele carpinteiro de carros, José, Miguel e João Haydn. José foi o primogênito, mas não pôde formar o talento de seus irmãos. Miguel faleceu mestre-da-capela e dos concertos da corte de Salzburgo e gozou da reputação de ser um dos melhores compositores da Alemanha para música de igreja e mui bom organista. João morreu no serviço da capela do príncipe de Esterházy.

Um mestre-de-escola da vila de Haimbourg, parente e amigo do pai de Haydn, tendo reconhecido em José as primícias de uma bela voz, o tomou gratuitamente na idade de seis anos, para iniciá-lo no estudo da música, ensinar-lhe a ler e escrever, e também instruí-lo nos elementos de latim. O discípulo começou logo a tocar muitos instrumentos.

Depois de dois anos da entrada de José para esta escola onde (segundo ele contava ingenuamente) se lhe davam mais pancadas que bocados, aconteceu vir o mestre da corte da catedral de Viena visitar ao deão de Haimbourg, com quem tinha amizade. Ouviu este cantar o menino Haydn e o aceitou para substituir o lugar de um menino do coro, despedido por ter perdido a sua voz. O pobre José julgou feita a sua fortuna, sem adivinhar que também, pela sua vez, seria despedido, ficando ainda mais pobre e despido do que antes era. Mas ainda quando pudesse prever esse destino, sempre obtinha a vantagem de receber melhor instrução da música, livre da escola de seu parente, onde não era excitado ao trabalho senão por castigos e privações. Oito anos passou neste novo instituto.

O seu tiple [*haute-contre*] se fez tão célebre em Viena que todos corriam a ir ouvi-lo na Catedral de S. Estevão. Porém, José chegava ao termo em que a natureza, completando a sua obra, transforma, por um fenômeno admirável, como todos os seus mistérios, o menino em um novo ser, dando-lhe outra fisionomia, outro acento de voz e as paixões que, segundo o bom ou mau uso, animarão ou destruirão a vida.

José Haydn apenas conhecia do mundo a estrada por onde tinha sido conduzido ao colégio dos meninos do coro. Ele não gostava senão de música e parecia ter posto toda a sua glória no seu belo tiple. Estando nesta opinião e tendo inocente singeleza e costumes puros, era fácil seduzi-lo. Seu mestre, que previa a seu pesar a iminente perda do virtuoso que era a honra de sua capela, disse-lhe que havia um meio de conservar sempre a sua admirada voz; e, dissimulando as conseqüências graves, propôs-lhe que tivesse resolução para um instante de dor. Haydn dedicou-se ao sacrifício[1]. Fixando-se o dia e a

1. *Nota de Neukomm*: Não há exemplo que jamais se tenha praticado na Alemanha esta operação, que degrada a humanidade. Um governo atento à severa moral, como o da Áustria, puniria tal atentado com o último rigor.

hora, tomando-se as precauções e estando a vítima já impaciente para ser imolada, eis que nessa mesma manhã chega seu pai, que um acaso extraordinário trazia a Viena. É fácil de crer que ele não teria a mesma condescendência e muito menos a alegria de seu filho; por isso não se consumou o sacrifício. O mundo deve a este acaso (que se pode chamar feliz) as obras-primas, cheias de fogo, fantasia e sentimento que fazem a glória de Haydn e as delícias dos amadores da música.

Qualquer que fosse o perigo que Haydn corresse nos seus dezesseis anos e o ressentimento de seu mestre por não colher o fruto do próprio atentado, mais que odioso, é certo que o tiple desapareceu logo ao moço do coro, e que o diretor de música de S. Estevão tomou pretexto de uma rapaziada[2] do mesmo Haydn para despedi-lo às sete horas da noite no mês de novembro, sem ter ele um só real e com os vestidos safados. O infeliz jovem, tão destituído de amigos como de dinheiro, passou a noite na rua sobre um banco de pedra.

No dia seguinte foi encontrado e reconhecido por um músico estimável, porém igualmente mui pobre, pois que apenas morava em um aposento no quinto andar das casas, com sua mulher e filhos, o qual contudo lhe ofereceu aí um canto e a sua mais que frugal mesa. Este ofe-

2. Deu uma tesourada no vestido de um colega. O mesmo Haydn contou esta anedota a M. Neukomm, seu estimável discípulo. *Nota de Neukomm*: Tinha-se dado um par de tesouras e o menino travesso não pôde resistir à tentação de cortar na escola a cauda do vestido ao condiscípulo que estava assentado diante dele.

recimento foi para Haydn um grande benefício, assim como bela ação do compassivo músico (que se chamava Spangler), a quem depois o mesmo Haydn fez admitir, como primeiro tenor, na capela do príncipe de Esterházy.

Um enxergão, uma mesa, uma cadeira e um mau cravo foram os móveis que a hospitalidade generosa de Spangler pôde oferecer. O aposento não tinha janelas, nem fogão para o abrigo do frio; e este, na dita estação, foi tão rigoroso, que o hálito do mancebo caía gelado sobre a sua coberta.

Até esse tempo nem os estudos de Haydn nem as suas primeiras composições davam indícios de que seria um grande músico e ainda menos o maior compositor de sinfonias. Ele mesmo depois contava que, estando na escola da catedral, tentara fazer obras de oito a dezesseis vozes e se persuadia estarem superiormente perfeitas quanto mais ficasse cheio o papel; porém que o mestre da capela severamente o repreendia pela presunção de empreender tais composições, quando nem ainda conhecia as regras do contraponto para fazer uma obra de duas vozes.

Haydn, tão modesto como animoso, trabalhava incessantemente, desde o romper do dia, o estudo da música e com especialidade no das duas melhores obras então conhecidas sobre os princípios de contraponto de Mattheson e do Gradus de Fuchs; e depois das seis primeiras sonatas de Ph. Emmanuel Bach. Dizia ele: "Não deixava o meu mau cravo sem as ter tocado do princípio ao fim; e os que bem me conhecem se persuadirão de que compreendi a Bach e do quanto devo a este estudo interessante".

Metastasio habitava nas casas em que Haydn obteve o referido aposento; ele tinha em sua guarda uma sobrinha, de cuja educação tratava. Haydn deu a esta por três anos lições de cantoria e de cravo. Parece que entre Metastasio e Haydn faltavam algumas das relações naturais: não devia aquele poeta entrever logo o gênio desse grande músico? Seria agradável ver ao laureado da corte de Viena, achando-se no fim de uma carreira brilhante, abrir o caminho da fortuna a um belo gênio comprimido pelo infortúnio. Metastasio não teve esta glória e José Haydn continuou a lutar por si só contra a sorte.

Haydn obteve ser organista dos Irmãos da Misericórdia, com o tênue ordenado de sessenta florins por ano; saindo desta igreja ia pelas dez horas, aos domingos e dias santos, tocar órgão também na capela do conde Haugwitz e cantar, às onze horas, em outra igreja, ou acompanhar de rabeca; mas todo este exercício apenas lhe dava o mais estreito necessário. A sua pobreza, ainda mais que a sua timidez, o apartava do mundo; e acusa-se[3] ao sobredito mestre de música da catedral de haver contribuído para não ter acesso, espalhando o rumor calunioso que ele tinha vícios que o condenavam a viver miserável.

A primeira obra de Haydn que teve aceitação do público foi um quarteto que compôs para o Barão de Furnberg, que, a algumas léguas distante de Viena, fazia companhia de música, em que entrava o seu cura, o

3. *Nota de Neukomm*: Isto não é exato. Tão pobre como era Haydn, não podia fazer a despesa necessária para aparecer no público com o vestido decente; a miséria o intimidava.

seu mordomo, um amador e Haydn. Então este tinha dezoito anos. Nos seguintes anos compôs muitos dos seus trios conhecidos e as suas pequenas sonatas, de que fazia presentes a seus discípulos e que os negociantes de obras de música fizeram estampar por conta própria, sem consultar ao autor. Haydn, que nem soube tirar lucro das suas sinfonias no tempo da sua celebridade, sem se queixar de que outros colhessem o fruto do seu trabalho, parava nas lojas daqueles negociantes, dando-se por bem pago pelo modesto prazer de ali ver as suas obras expostas ao público. Tendo já vinte e sete anos, estava ainda tão pobre que aceitou ser mestre de música do Conde Morzin, com o ordenado de duzentos florins, com casa e mesa. No serviço deste conde fez a sua primeira sinfonia. Em 19 de março de 1760, o príncipe Esterházy o empregou em seu serviço, na qualidade de segundo mestre de sua capela. Haydn, na idade de vinte e oito anos, apenas se tinha transposto além dos últimos graus de pobreza, sem que a sua nova situação o pusesse em considerável distância deles. O seu trabalho ingrato e assíduo consistia em dirigir a orquestra, afinar cravos e dar lições.

Porém, o que lhe valeu mais do que o ter ricos emolumentos foi o tomar-lhe amizade Werner, primeiro mestre-de-capela, que era mui hábil compositor e pessoa de bom e nobre caráter; o que nem sempre se reúne, pois deve-se confessar, e é para sentir, que a arte que, sobre todas, dá os prazeres mais vivos e as sensações mais doces e mais amáveis não é onde se encontra mais generosidade e justiça. Werner afeiçoou-se a Haydn, não obstante logo ver nele um sucessor; deu-lhe conselhos e lições, que a jelosia [*sic*] recusa algumas vezes até à amizade; enfim, abriu-lhe o santuário da arte, onde Haydn reconheceu que ainda não havia entrado. Mas bem que Werner mostrasse a Haydn a estrada, a verdade é que este logo excedeu ao seu guia, o que a própria modéstia calava.

Falecendo Werner, foi Haydn nomeado diretor de toda a música do príncipe. Era este um grande amador e bom juiz da música e tinha uma excelente orquestra e uma boa ópera italiana. Amava muito a Haydn, e este, enlaçado pelo doce vínculo da gratidão, se prestava ao gosto do seu protetor, até o ponto de se matar de trabalho para o satisfazer. Haydn contudo teve nisso mesmo boa recompensa, pois que esta amizade provavelmente foi a origem da sua glória.

Ele compôs para o gosto particular do príncipe Nicolau de Esterházy o maior número de sinfonias e concertos, que se admiram em toda a parte onde existe gosto de música e que talvez, sem isso, o seu gênio não teria produzido. Desde então, a reputação de Haydn começa a desenvolver-se, quase sem ele o sentir.

Inteiramente dedicado aos deveres do seu emprego, passou trinta anos nos lugares das residências de Esterházy e Eisenstadt na Hungria, apenas dois ou três meses por ano habitando em Viena, quando o seu príncipe vinha fazer a corte ao Imperador.

A ausência desta capital e a sua moderação não lhe deixavam sentir os dardos da inveja que a sua fama excitava; e o exemplo de Haydn prova melhor que tudo que a mais profunda modéstia pode fazer perdoar a glória[4]. Quase todo o corpo dos músicos de Viena se conspirou contra a reputação sempre recrescente desse mesmo José Haydn, que eles por tanto tempo tinham visto desdenhado pela fortuna. Mas Gluck e Mozart, dois gênios da primeira ordem, iguais a Haydn, altamente proclamaram a estima que por ele tinham; e os seus testemunhos eram bastantes para o recomendar à posteridade.

Gluck aconselhou Haydn que, a seu exemplo, viajasse a Itália e França, prognosticando-lhe que teria depois os maiores sucessos no teatro. Mozart, que melhor

4. Cite-se, entre outros, um tiro de baixa perfídia. O Imperador José II desejou empregá-lo em seu serviço como adjunto a seu mestre-de-capela, Gassman, compositor mui medíocre, mas intrigante. O Imperador falou sobre isso a Gassman, que fingiu ser amigo de Haydn e afetou alegrar-se de o ter por adjunto; porém disse, em ar de franqueza, que não devia dissimular à Sua Majestade que Haydn não tinha imaginação e que a sua reputação se fundava na extremosa habilidade de apoderar [*sic*] e arranjar as idéias dos outros; que ele estava à caça de todas as passagens novas, para as apropriar logo a seu proveito. A fim de convencer disto em poucos dias ao Imperador propôs colocar Haydn na orquestra em lugar que estivesse bem à vista de Sua Majestade em uma nova ópera. Com efeito Gassman, convidando e acariciando a Haydn, o pôs a seu lado; e fingindo ter-lhe esquecido o seu livro de lembrança e os seus óculos, pediu a Haydn (que bem sabia estar sempre pronto a escrever as idéias que o seu fecundo gênio lhe fornecia) tomasse nota, para o Imperador que o tinha requerido, de todos os temas das passagens que ele lhe ia indicando. Haydn, a cada motivo novo ou brilhante, se dobrava ao joelho e a sua mão dócil fazia o apontamento. O Imperador ficou persuadido. Mas se este príncipe refletisse que seria melhor fiar-se no crédito público do que em conselho suspeito e que era impossível que um plagiário habitual não fosse logo denunciado à opinião pública pelos compositores, interessados em reclamar contra os plagiatos, não cairia no engano de Gassman; e (o que ainda é mais grava para um soberano) não teria sacrificado um homem de gênio a um vil intrigante*; a modéstia de Haydn, e a distância em que

conheceu os seus avanços na carreira, não cessou um instante de lhe render homenagem. Quando residiam em Viena se viam todos os dias; e quando prematura morte veio tirar da sociedade a este assombroso Mozart, estando apenas no meio do curso ordinário da vida, a dor de Haydn foi sem limites; ele dizia, muitas vezes, com lá-

vivia da corte seguraram a impunidade de Gassman. Esta anedota, que é uma das que M. Pleyel houve de seu ilustre mestre, é de algum modo confirmada pelo desprezo que se tem do nome de Gassman.†

* *Nota de Neukomm*: O ilustre Salieri, mestre da capela do Imperador, afeto 54 anos ao serviço da corte de Viena, pessoa geralmente reverenciada tanto por seu talento como pelas suas virtudes, me protestou em a [*sic*] nossa entrevista de 1814 que esta anedota era inteiramente falsa. Gassman nunca teve a mancha de vil intrigante, ainda aos olhos de seus inimigos. Talvez não era [*sic*] amigo de Haydn, mas era incapaz de tal perfídia. Sem ser dotado de um gênio transcendente, como Haydn e Mozart, era um compositor de mui grande merecimento e conhecia a sua arte profundamente. Mas as suas obras, compostas na maior parte para a corte, se acham confundidas nas imensas riquezas dos arquivos de música do Imperador, e o público só conhece pequeno número delas. Primeiro que tudo deve-se ser justo: *cuique suum* [a cada um o seu].

† *Nota do tradutor*: No *Dicionário Histórico dos Músicos* de A. Charon e F. Fayolle, publicado em Paris em dezembro de 1810, no artigo "Gassman" se contesta inteiramente esta anedota, que aí se diz ser fundada em uma notícia publicada em Paris nesse mesmo ano; antes se faz juízo vantajoso desse compositor, que foi inspetor da Biblioteca Imperial de Viena e fundador de uma Caixa de Socorro para as viúvas dos músicos pobres.
Naquele artigo "Haydn" se inseriu a anedota do perigo da castração, dizendo-se que "felizmente a febre o salvou do fatal cutelo". Esta discrepância basta para indício da falsidade do fato, a que M. Le Breton deu ar maravilhoso pela súbita vinda do pai de Haydn. A nação alemã, de tão apurada moralidade, até agora não desmentindo o caráter que descreveu Tácito *de Moribus Germanorum*, não tem exemplo de tal violência à natureza e ignomínia à honestidade pública. Parece ter havido equivocação com a tentativa feita a Bannieri, que o dito dicionário cita, referindo a ordem de El-Rei Luís XIV, que até ameaçou com a forca ao cirurgião que se prestou ao atentado, se pudesse saber o nome, que o dito Bannieri ocultou por ter dado para isso juramento.

grimas: "esta perda é irreparável!" Estes sentimentos não são as homenagens da decência, que até a vaidade e a jelosia oferecem com uma falsa generosidade às sombras de seus rivais; pois antes, sendo Haydn e Mozart convidados a irem a Praga para a solenidade da coroação do Imperador Leopoldo, aquele respondeu com a sinceridade de sua alma: "onde Mozart se acha, Haydn não ousa aparecer". Assim viviam em recíproca amizade e honra estes insignes homens, não menos superiores às paixões vergonhosas que a todos os compositores de seu século.

A tenuidade do ordenado de Haydn e talvez, ainda mais, a sua timidez lhe obstaram seguir o prudente conselho de Gluck; quando se animava a falar nisso ao príncipe, este o dissuadia; e bem que adoçasse com pequenos mimos as suas respostas evasivas e negativas, não foi nesta circunstância, aliás tão essencial ao crédito daquele senhor, que mostrou generosidade e amor da arte.

Se Haydn, com perfeito conhecimento de todos os instrumentos e dos respectivos empregos, com o seu gosto esquisito de cantoria, com a sua graça, imaginação e sensibilidade, tivesse a felicidade de viver algum tempo na Itália e chegasse a possuir como Gluck, Piccini e Sacchini o sistema dramático dos franceses, seria difícil dizer até que ponto de perfeição se poderia ter elevado sobre a cena lírica, em que todavia obteve belos sucessos. Mas se há razão de lamentar a falta que a música nisso teve, porque a fortuna obstinada recusou a Haydn alguns dos meios necessários para igualmente se avantajar em todos os gêneros de composição, contudo ele deu tanta riqueza de melodias, que me sinto sobrecarregado do número e da variedade de suas obras-primas, e, para não exceder os limites desta sessão, me restringirei a citá-las sumariamente.

Ainda que não haja até o presente um catálogo completo[5] das obras de José Haydn, contudo já se conhecem quase oitocentas obras dele, entre as quais 118 sinfonias, 163 sonatas para o *Barython* (espécie de pequeno violoncelo[6] que o príncipe de Esterházy particularmente gostava), 44 sonatas para o piano, com acompanhamento ou sem ele, 24 concertos para diversos instrumentos, 83 quartetos, 24 trios, muitas composições de cinco até nove partes para instrumentos, treze árias a quatro partes, 85 cânones[7], 42 árias simples, acompanhamentos e ritor-

5. Um de seus dignos amigos, M. Dies, artista mui estimável, publica em Viena uma biografia de José Haydn, com um catálogo comentado de todas as suas composições. Ele mo anunciou e prometeu. Só por amizade, Haydn nos últimos tempos da sua vida consentiu que se preparasse este trabalho, quase tão interessante para a história da arte como para glória deste grande compositor.
Nota de Neukomm: Dies é um dos maiores pintores de paisagens do nosso século.
6. *Nota de Neukomm*: Um amador de música em Viena, que era mui ligado a Haydn, possui 130 ou 134 sinfonias do mesmo Haydn. Lembro-me também que este me disse ter composto mais de trezentas sonatas para o *Barython* que o príncipe tocava. Este instrumento, antigamente mui estimado, não é um pequeno violoncelo. Ele é difícil de se aprender. Tem a forma de violoncelo, mas é diverso o acordo do encordoamento; entretanto se toca com o arco, acompanha-se ao mesmo tempo tangendo com o polegar cordas de metal que estão por baixo. Pode-se tocar a três e quatro partes.
7. Quarenta e seis obras inéditas* se acharam depois de seu falecimento. Ele as tinha metido em quadros, para ornato de sua câmara de dormir; dizia que, não sendo rico para ter bons painéis, se tinha resolvido a fazer para si mes-

nelos para 365 arietas escocesas, muitas danças e valsas, vinte óperas, sendo quinze italianas e cinco alemãs, cinco oratórios, quinze missas, alguns *Te Deum* e outras peças de música de igreja.

Todo o mundo conhece as sinfonias de Haydn, que se têm constituído uma parte obrigada em todos os concertos. A unidade do plano, a clareza e variedade dos desenvolvimentos, a riqueza da orquestra e a vivacidade dos coloridos fazem ouvir todos os dias estas deliciosas composições, sem que jamais saciem o espírito nem causem tédio.

O oratório italiano *Il Ritorno di Tobia*, o oratório alemão *A Criação* e o *Stabat* (oratório latino) são conhecidos e admirados, não menos na França que na Alemanha. Consideram-se estas como as melhores obras de Haydn nesses diversos gêneros de composição.

É opinião corrente que a *Criação* (que é o chefe d'obra daquele grande mestre) tal como se executou em Paris não fora assaz fielmente traduzida, e que por isso perdera a graça e a regularidade da cantoria do original.

Censura-se aos franceses o não conhecerem os oratórios intitulados *As Sete Palavras do Salvador na Cruz* e *As Quatro Estações*.

Quanto ao oratório das *Sete Palavras* consta ter sido da predileção de Haydn, talvez porque lhe custara mais

mo a tapeçaria desse aposento. Consta que se perdera alguma música inédita nos dois incêndios que reduziram a cinzas a sua casa e mobília.

* *Nota de Neukomm*: São cânones de muitas vozes sem acompanhamento que têm sido estampados em Leipzig, depois do falecimento de Haydn.

que os outros. Havia-se-lhe pedido da Catedral de Cadiz a sua composição sobre esse assunto extraordinário, para uma das cerimônias da Semana Santa. Esta música, puramente instrumental, era destinada a encher os intervalos que a liturgia punha entre cada uma das sete palavras divinas que o bispo pronunciava no altar, enquanto este se preparava para outra cerimônia, depois de fazer breve discurso. Era preciso ser Haydn para não fatigar pela monotonia de sete peças de harmonia de andamento de adágio e de um caráter quase necessariamente uniforme[8]. Doze anos depois, em 1798, ele lhe ajuntou uma parte de cantoria, sem nada mudar nas suas partes de orquestra, tendo aliás sido compostas para se executarem sem ela; o que fez dizer que se podia adaptar a cada peça de música de Haydn um poema análogo; gênero este de elogio que jamais se tem feito a algum outro compositor.

Quanto ao oratório das *Quatro Estações*, não é de admirar que na França se não fizesse alta idéia dele, porque o poema era mui mau e por isso era impossível que algum compositor fizesse com ele um todo com unidade. Haydn o sabia e lamentava. Mas o autor deste poema era o Barão de Van-Swieten, seu mais antigo amigo e o mais zeloso protetor, que já havia composto o poema da divina obra da *Criação* (que se constituiu um objeto de entusiasmo) e que o havia resolvido a viajar a Inglaterra,

8. *Nota do tradutor*: Os temas de cada *Palavra* não têm caráter uniforme, ainda com o lento movimento de todas. Bastam o *Sítio*, começando por *pizzicato* e o final *allegro* designando o *Terremoto*, para se caracterizar não menos a sublimidade que a variedade da melodia das sagradas tenções.

donde voltara carregado de felicidade. Aquele célebre compositor tudo sacrificaria ao desejo de agradar ao seu velho amigo e ao temor de o entristecer. Trabalhou sem afrouxar onze meses nesta ingrata obra, em cuja música todavia se reconhecem a finura e a delicadeza com que se diminuiu a impropriedade da poesia, que excita os sentimentos mais opostos.

O mais importante de todos os bons ofícios da constante amizade do Barão de Van-Swieten a Haydn foi o determiná-lo a ir a Londres, onde fez duas viagens: a primeira no fim de 1790, ano da morte do príncipe Nicolau de Esterházy, a segunda no mês de janeiro de 1794, e cada uma das suas viagens foi de ano e meio. Essa foi a época próspera [*heureuse*] da vida de Haydn.

Até então não havia gozado Haydn de distinção alguma, nem daquelas homenagens públicas que não são para os artistas o inútil alimento da vaidade, mas que inflamam a sua imaginação, a fecundam e excitam a novos esforços. O estado de Haydn na Alemanha era uma sorte de vivenda de apaniguado, que a natural bondade do príncipe de Esterházy fazia agradável, mas que não bem disfarçava. Este príncipe podia lisonjear-se de ter em sua companhia a Haydn; e devera, como mecenas generoso, ter o prazer em honrá-lo, ornar-se da sua glória e esforçar-se em estendê-la.

Em Londres, o rei, a rainha, toda a família real, as pessoas distintas por qualquer merecimento e toda a gente sensível do encanto da música prestavam a Haydn atenções delicadas e lhe faziam elogios ditados pelo entusiasmo. Grande número de pessoas desconhecidas o cercavam [*sic*] e, sem o importunarem [*sic*] com falas, só lhe diziam [*sic*] gravemente: "Sois um grande homem!"

Em Inglaterra é que produziu as suas doze mais belas sinfonias e um grande número de lindas obras. Na sua volta, em 1795, para Viena, estando já na idade de 65 anos, com a alma ainda agitada das homenagens que tinha recebido, compôs a sua *Criação*.

Por fim achou a Alemanha convencida do quanto ele valia, ou, para melhor dizer, esta o começou a manifestar. Durante a sua última viagem em Londres, o Conde de Harrach lhe tinha feito erigir um monumento em Rohrau.

O fim de sua vida foi cheio de honras. Quase todos os corpos acadêmicos o convidaram para sócio: a Universidade de Oxford em 1793, a Academia de Estocolmo em 1798, a Sociedade dos Felix Meritis de Amsterdã em 1801, o Instituto de França em 1802, a Sociedade Filarmônica de Laibach em 1805, a Sociedade dos Filhos de Apolo em Paris em 1807, a Sociedade Filarmônica de São Petersburgo em 1808. Haydn mostrava com alvoroço o diploma e a medalha que o Instituto lhe tinha mandado, assim como a medalha que a Sociedade de Apolo tinha feito cunhar em sua honra, por M. Gatheaux, e que oferecia de um lado o retrato de Haydn e, do outro, uma lira com a auréola da imortalidade. Esta medalha era acompanhada de uma carta subscrita por cento e quarenta e duas assinaturas, tanto dos membros desta Sociedade, como do Conservatório e do Concerto dos Amadores. Foi convidado para ir a Paris e assignava-se-lhe uma soma para as despesas de viagem. Enfim, o embaixador da Rússia em Viena, o príncipe A. Kourakin, lhe entregou, da parte da Sociedade Filarmônica de São Petersburgo, uma carta cheia de reconhecimento e admiração, com uma medalha de ouro do peso de 42 ducados e meio, que a mesma Sociedade tinha feito cunhar em sua honra. Ela representava, de um lado, uma lira com quatro cordas e o nome de Haydn inscrito em uma coroa de louro; do outro lado, lia-se por exergo em latim[9]: *A Sociedade Filarmônica de Petersburgo a Orfeu Redivivo*. O almirante Nelson, passando por Viena, pediu-lhe, como um favor, uma pena com que tivesse escrito música e lhe aceitasse em lembrança o relógio que trazia.

Em 1804, o filho de Mozart celebrou publicamente os 73 anos de idade de Haydn por um concerto em um dos teatros de Viena, em que se executou, debaixo da direção do mesmo Mozart, uma cantata composta para este festejo.

Mas já Haydn não vivia senão para obter as legítimas homenagens e o incenso devido ao seu mérito que a

9. *Societas philarmonica Petropolitana Orpheo redivivo*. O príncipe A. Kourakin, agora embaixador em Paris, lhe escreveu a seguinte carta: "A Sociedade Filarmônica de São Petersburgo deseja fazer entregar a inclusa medalha ao doutor em música, ao pai da harmonia, ao imortal Haydn. Com o maior prazer me encarrego desta incumbência, que me oferece tão bela ocasião para dar um testemunho ao autor da *Criação*, das *Estações* e de tantas outras obras, dos sentimentos da minha contínua admiração, assim como da minha estima sem limites. 25 de junho de 1808. *A. Kourakin*."

sua alma sentia, mas em cujo perfume a vaidade não tomava parte. Cessou inteiramente de compor em 1803[10].

Convém conhecer-se a doutrina de Haydn em música. Era simples e clara: ele dizia "que uma composição música devia ter uma bela melodia natural, as idéias seguidas, poucos ornatos e sobretudo nada de requintes e acompanhamentos sobrecarregados". Mas reconhecia que tudo isso não se podia ensinar pelas regras.

Haydn compunha sempre ao piano; ele dizia:

> Entregava-me à minha fantasia segundo as sensações que experimentava; e se ocorria uma idéia feliz, então me esforçava em conduzi-la segundo os princípios da arte. Isto – continua ele – é o que falta a todos os compositores atuais[11]. As suas idéias são descosidas e acabam apenas começadas; mas também tais composições não deixam lembrança alguma no coração.

10. O seu último quarteto é desta época e ficou sem *allegro*[†], porque Haydn, que se lisonjeou até 1806 de recobrar bastante força para fazê-lo, não se julgou mais em estado de o compor.
    Desde 1802 ele se tinha negado a Kotzebue, que o convidara a reunir-se aos cinco compositores os mais afamados então da Alemanha, a saber, Salieri, Weber, Danzy, Reichard e Volger, para contribuírem, cada um com seu coro, ao bom sucesso do drama dos *Hussitas*, que o autor apresentava como uma obra nacional. Haydn alegou a fraqueza da sua idade.
    [†] *Nota do tradutor*: O minueto e o trio deste quarteto (gênero de composição em que Haydn foi preeminente e inexaurível) são ainda de uma beleza encantadora, cuja repetição é sempre ouvida com vivo prazer.
11. *Nota de Neukomm*: Não é provável, atento ao caráter de Haydn, que ele generalizasse até este ponto a condenação dos compositores. Ele necessariamente devia desaprovar a pouca aplicação da maior parte dos nossos compositores modernos, que entendem poder dispensar-se destes estudo áridos, sem os quais aliás é impossível porem ordem nas suas idéias; nisso consiste a lógica da música. Presentemente qualquer se considera compositor, uma vez que saiba enfiar (bem ou mal) algumas melodias que a fantasia ou a memória fiel lhes subministra; porém, a reputação ganhada desta maneira morre na mesma sala que a viu nascer: *Transit cum Sonitu*.

Queixava-se Haydn de que muitos compositores julgavam poderem [*sic*] dispensar-se de aprender a cantar e dizia que a cantoria se podia julgar uma arte perdida para nosso século. Os compositores a sufocam com o instrumental que fazem predominar muito na orquestra. Aconselhava que se estudasse a cantoria na Itália e a música instrumental na Alemanha[12].

Haydn fazia um desenho de cada obra que pretendia compor e, só depois de ter bem meditado todos os seus esboços, escrevia as suas partituras; e por isso é tão distinto assim na pureza do estilo como na clareza e unidade de suas composições.

12. Dissemos que foi impossível ter descanso e meios de ir à Itália na idade em que esta viagem lhe era necessária. Mas procurou os meios de a suprir, quanto foi possível, sujeitando-se, com uma paciência pasmosa, às grosserias de um velho mestre italiano, chamado Porpora, com o qual se tinha encontrado em casa de Metastasio, e que dava então lições de cantoria em casa do embaixador de Veneza. Haydn acompanhava muitas vezes a Porpora e o servia como se fosse seu criado; porém também era muitas vezes chamado *asino birbante*, "o que eu suportava", dizia Haydn, "com paciência, porque aproveitei muito com Porpora na cantoria, na composição e na língua italiana."
A opinião de Haydn sobre os mais célebres compositores de seu tempo faz parte da sua doutrina em música. Dizia de Handel que era sublime nos seus coros, mas inferior em melodia; de Gluck, que é cheio de força e sempre verdadeiro, assim como é cheio de graça. Não conhecemos a sua opinião sobre Sacchini, mas Haydn devia, melhor que ninguém, apreciar o acento da verdade e do sentimento do autor de *Édipo em Colonna*, de *Dardanus* etc.
José Haydn conceituava a seu irmão acima de todos os compositores de música de igreja seus contemporâneos; porém queixava-se de ser este gênero de composição (um dos mais difíceis) de pouca estima e recompensa. Dizia que com uma flauta ou uma gaita de fole ganhava-se mais do que compondo missas e ofertórios. Poder-se-ia estender essa triste verdade na França, ainda mais longe do que à música de igreja; uma peça extravagante rende mais que uma grande ópera.

Haydn era por natureza gracioso e conservou até na velhice uma doce alegria, misturada de travessura, que não se pôde extinguir pelo casamento, o qual não foi harmônico e cujo vínculo suportou com extrema resignação por quarenta anos.

O diário das suas viagens à Inglaterra e vários passos de sua vida certificam algumas anedotas interessantes a provar que a adversidade não alterara o seu caráter amável, mas as suas obras bastam para o mostrar qual é. Acha-se Haydn todo inteiro até na sua inocente malícia, com especialidade nas encantadoras peças que a sua fantasia inventara para o gosto particular do príncipe de Esterházy e que são presentemente a mágica de todos os amadores da música; nos concertos em que o seu engenho faz tocar alternativamente muitos instrumentos, como se lutassem em porfia para obterem o prêmio que o prazer dá ao talento; nos rondós, quartetos, minuetos, trios de suas sinfonias. Há outras obras mais extensas, que foram empreendidas e compostas com aquele desígnio; tal é a conhecida pelo título de *Sinfonia de Adeus*.

Atribuem-se dois motivos mui diversos para compor esta peça picante; o primeiro não está no caráter de Haydn. Diz-se que Haydn, irritado por ter o príncipe Esterházy, em um ataque de melancolia, ouvido com indiferença uma sinfonia nova, aliás expressamente feita para dissipar-lhe a tristeza, dera a sua demissão, e que toda a orquestra seguira o exemplo; mas que, antes de se separarem os músicos, o príncipe consentira ouvir por último um concerto, em que se reduziria a ação à sinfonia do *Adeus*, em que tanto o príncipe como os mesmos músicos, igualmente sentidos e arrependidos, se reconciliassem. O outro motivo é atestado pelo discípulo amado de Haydn e confirmado pelas notícias publicadas na Alemanha; e vem a ser que o dito príncipe, querendo prolongar, além do tempo ordinário, a sua estada em uma de suas terras, vários músicos que se haviam casado de pouco tempo, e cujas noivas tinham ficado em outra residência distante, pediram a Haydn que solicitasse alívio ao rigor de sua separação. Para esse destino, Haydn compôs aquela amável sinfonia, em que cada instrumentista, depois de tocar a sua parte, apaga a sua vela e sai com seu instrumento. O príncipe entendeu a alusão e deu ordem para a partida no dia seguinte. Pode-se escolher qualquer das anedotas: não dissimularemos a preferência a esta, mas não entra em dúvida que a dita obra existe e que ela caracteriza o espírito de Haydn[13].

As qualidades morais de José Haydn se deduzem de tudo o que precede. A fortaleza e a constância na desgraça provam a força e a elevação de sua alma. Foi excelente filho, irmão e amigo[14]; praticava a beneficência e a

13. *Nota de Neukomm*: Haydn disse-me que a causa de compor a *Sinfonia do Adeus* fora porque o príncipe concebera o projeto econômico de despedir os músicos de sua capela, exceto ele; e que, para o dissuadir, com sutileza de espírito, fizera essa composição alusiva, cuja ênfase o mesmo príncipe entendeu e por isso desistiu de tal projeto, do que resultou compor aquele mestre outra sinfonia contrária à da despedida dos professores, como de reintegração da capela, e que começa pelo inverso, entrando cada instrumentista sucessivamente para a orquestra.

14. Teve o maior cuidado da sua família durante a sua vida e deixou legados a todos os seus parentes pobres; amou particularmente a seu irmão Miguel Haydn, a quem admirava.

gratidão com simplicidade e em todas as ocasiões. Sendo modesto, até no meio dos seus triunfos, o seu coração generoso fazia sempre referir ao Ente Supremo a glória que só atribuía ao seu gênio; mas a sua religião era tolerante e doce, porque era afetuosa. Ele era todo sentimento. As suas ações, não menos que as suas composições, o fazem amar.

O seu reconhecimento e afeto ao príncipe Nicolau de Esterházy e à casa deste senhor eram sem limites. Para lhe ser fiel, recusou estabelecimentos muito mais vantajosos; entre outros, os do rei e rainha da Inglaterra, que o solicitaram com instâncias para o terem junto a si. O amor da pátria e da ilustre família a quem se tinha dedicado motivaram sempre as suas escusas.

Durante os trinta anos que precederam à sua viagem a Londres apenas pôde economizar dois mil florins; as suas duas viagens lhe proporcionaram uma modesta independência e os meios de comprar em um arrabalde de Viena uma pequena casa com um jardim; nesta doce solidão passou os últimos dez anos da sua vida.

O príncipe Nicolau de Esterházy lhe tinha segurado por testamento o seu ordenado de mestre-de-capela, sem obrigação de servir. Duas vezes este mesmo príncipe lhe fez reedificar, por causa de incêndios, a casa que ocupava; e a delicadeza com que fez a reparação destas desgraças é mui honrosa àquele príncipe e por isso o menciono.

Estando Haydn ausente para cumprir uma comissão, queimou-se inteiramente o quarteirão que habitava na cidade de Eseinstadt, perdendo no incêndio tudo o que continha a sua casa. O príncipe ordenou que imediatamente se lhe reedificasse outra igual no mesmo lugar e encarregou a M. Pleyel do cuidado de renovar inteiramente os móveis, roupa, utensis [*sic*] e tudo que o incêndio tinha devorado. Aquele seu discípulo executou a ordem com igual atividade e zelo e quando Haydn voltou, informado do desastre de Eseinstadt, desconsolado com a participação do infortúnio, julgou por um momento que a sua casa tinha sido poupada como por um milagre.

À gratidão seguiu-se a admiração; mas a única partitura da sua *Armida*, de que não tinha cópia, e que ele preferia, com razão, a todas as suas óperas, pensava ter perecido, e nada o podia consolar desta desgraça; porém, não se atrevia a queixar-se, com o temor de parecer mui pouco sensível à generosidade do príncipe, que tão nobremente tinha reparado todas as suas outras perdas. M. Pleyel, depois de ter sido o agente das bondades do príncipe, veio a ser, por sua vez, o benfeitor do seu mestre. Por uma infidelidade feliz (ao menos no resultado), ele tinha tirado às escondidas a cópia da dita partitura, que Haydn não comunicava a pessoa alguma e que até positivamente recusara confiar-lhe. Aquela furtiva indústria veio a mostrar-se um ato de providência, que restituiu a felicidade a José Haydn, quando a melancolia começava a arruinar-lhe a saúde.

Estou longe de ter exaurido todos os fatos que poderiam concorrer para o elogio de Haydn, mas devo ceder ao cômodo desta seção.

Penso que nenhum dos que me têm atendido precisa, daqui em diante, de novo motivo para o estimar, admirar e amar. Somente se poderia notar que a sua pouca felicidade foi desproporcionada à tão rara união de boas qualidades; porém, o homem de gênio tem prazeres secretos que o indenizam, sobretudo se ele é sensível e virtuoso.

Haydn obteve pouco, ou ao menos muito tarde, aquelas homenagens públicas que são devidas aos homens eminentes, e que é de costume oferecer-se-lhes como um tributo; mas a sua vida, por assim dizer, se exalou na alegria de um triunfo, que (felizmente para a Alemanha) não foi Paris quem o decretou (como se tinha projetado) mas sim, a cidade de Viena.

Desde 1806, Haydn não saía do seu retiro. A sua fraqueza era tal que foi necessário fazer-se-lhe um piano[15], cujas teclas fossem de mui doce toque. As pessoas que iam ou mandavam saber da sua saúde achavam em resposta na sua porta uma carta, na qual tinha feito gravar esta frase de uma das suas últimas obras: "As minhas forças desfaleceram; a idade e a fraqueza me acabam".

No inverno de 1808, formou-se a melhor sociedade em Viena (onde o gosto da música está mui espalhado) em que se ajuntava grande número de amadores, que executavam, todos os domingos, as melhores obras dos grandes mestres. Uma das maiores salas dessa corte re-

15. O seu piano usual que mais estimava tinha-lhe sido mandado de Paris pelos irmãos Crard, como uma homenagem da sua admiração.

cebia para cada concerto quase mil e quinhentas pessoas, que se apressavam a gozar de uma excelente música, ou tomar parte na sua execução. As senhoras da mais alta nobreza ali cantavam, acompanhadas por pessoas da sua ordem, ou por outros amadores mui hábeis. Para terminar o curso destes concertos, a sociedade fez executar a *Criação* em 27 de março de 1808. Conseguiu-se de Haydn que aparecesse, posto que já não saía de casa havia dois anos; e quando se obteve a sua promessa, todas as pessoas que em Viena têm bom gosto de música desejaram vê-lo. A sala já estava cheia duas horas antes que ele chegasse; no centro haviam [*sic*] três ordens de assentos em que estavam os primeiros professores de arte, tais como Salieri, Girovetz, Hummel etc.; reservou-se para Haydn uma cadeira mais distinta.

Logo que se deu o sinal de ter ele chegado, comunicou-se um mesmo sentimento a todas as almas, como por um movimento elétrico: levanta-se toda a companhia, há um grande apertão na entrada, alguns erguem-se na ponta dos pés para o verem antes dos outros, os olhos se fitam na porta em que havia de entrar. A princesa de Esterházy, à frente de muitas pessoas de um grande nascimento ou de uma alta reputação, foi recebê-lo até ao patamar da escada. O ilustre velho, levado em uma cadeira de braços, chegou à cadeira que lhe estava reservada, no meio das aclamações e dos vivas com que se misturava o sonido das trombetas e de todos os instrumentos. A mesma princesa que guiou a companhia se assentou à sua direita e o autor das *Danaides*, o ilustre

Salieri, à esquerda. Quando ele se assentou, duas senhoras lhe entregaram, em nome da sociedade, um soneto italiano de Carpani e um poema alemão de Collin.

A sua cadeira de braços estava rodeada do grão-mestre da corte (o príncipe Trantmannsorf), do mecenas generoso da música (o príncipe Lobkowitz) e dos embaixadores estrangeiros. Uma das pessoas da maior qualidade lhe beijava a mão que tinha escrito tantos chefes d'obra. Porém Haydn, ingênuo, modesto, sensível e que não pudera prever esta cena triunfal, perturbando-se com tanta felicidade, com a fraqueza da velhice, só pronunciava palavras balbuciantes: "Nunca experimentei coisa igual! Por que não morro agora? ... entrarei como bem-aventurado no outro mundo!..."

No mesmo instante Salieri, que dirigia a orquestra, dá o sinal; Keutzer no cravo, Clement, primeiro rabeca, M. Fischer, M. M. Weinmüller, Radichhi e os amadores do melhor gosto começam a execução da melhor obra de Haydn, com uma expressão que jamais se repetirá. Pode-se imaginar, mas não descrever, o sentimento que fez esta execução incomparável. Cada talento, cada virtuoso foi superior a si mesmo; cada ouvinte experimentou um alvoroço como nunca sentiu. Mas Haydn, não podendo exprimir nem sustentar o que sentia, supria a isso com lágrimas e levantava as mãos ao céu para lhe dar graças.

As pessoas de esquisita sensibilidade que tinham dirigido o festejo previram o que ele poderia custar à existência do venerando ancião; logo no fim do primeiro ato apareceram carregadores; ele fez-lhes sinal que se apartassem para não causar desarranjo; mas fizeram-lhe instâncias para que se retirasse e foi tornado a levar em triunfo do modo que tinha entrado, só havendo diferença da emoção antes sentida, no transporte da alegria com que cada um julgava dizer-lhe o último adeus no momento que saía da sala. Chegando à porta interior, só pôde estender o braço sobre a companhia, como para abençoá-la, e logo um pressentimento de luto substituiu-se ao terno entusiasmo. Este pressentimento se verificou. Haydn[16], tornando a entrar no seu retiro, não existiu mais

16. Em 26 de maio, tocou ainda por três vezes no piano que se tinha proporcionado à sua fraqueza física (porém com uma expressão pasmosa) uma canção nacional, que havia composto sobre estas palavras: *Gott erhalte den Kaiser* (Deus preserve o Imperador), que é uma imitação da canção real dos ingleses "Deus salve o rei" (*God save the King*). Haydn chamava sua oração a esta ária, que cantava todos os dias nos perigos da sua pátria; mas para ele foi o canto do cisne, porque na mesma noite de 26 caiu em abatimento, quase semelhante ao da morte, e de que não tornou a si senão alguns minutos antes de expirar pela uma hora da noite de 31 de maio de 1808.
As honras fúnebres que se lhe puderam fazer nesta época em que a capital da Áustria, vencida, acabava de ser ocupada pelo exército vitorioso da França[†], se encerraram em um *Ofício de Defuntos*. Ele foi celebrado a 13 de junho na Igreja dos Escoceses e com assistência das autoridades francesas e alemãs mais distintas que se achavam em Viena. Executou-se o *Requiem* de Mozart.
M. M. Pleyel, Beethoven, Gyrovetz, Lessel e Neukomm são os principais discípulos de José Haydn, que era particularmente amigo do último (o qual está agora em Paris); este, por suas doces maneiras, ternura filial e merecimento inspirava-lhe sentimentos que ele teria para seu próprio filho.
A M. Neukomm confiou a educação música do segundo filho de Mozart*. Haydn em 1807 lhe havia encarregado também de refundir e instrumentar, para o concerto dado em benefício das viúvas e órfãos dos músicos de Viena, o seu oratório *Il Ritorno di Tobia*.
[†] *Nota do Tradutor*: *Fumantia procul tecta , hæc facies Victoriæ!* Tacitus [*Agricola*, 38: "Tetos fumegando ao longe, eis o sinal da vitória"]. Melhor

para o mundo, e dois meses e meio depois (31 de maio) deu a alma a Deus[17].

Notas do Autor sobre as Duas Viagens de Haydn a Inglaterra

Durante as duas residências em Inglaterra, Haydn consignou nas suas *Notas*, escrituradas em forma de jornal, os sentimentos que experimentava. Como ele só via e observava o que poderia interessar à música, escolhamos entre as suas *Notas* aquelas que pertencem parti-

fora não falar o autor em vitorioso exército da França, que não poupou a residência de Haydn, como fez o de Átila a Roma; antes deveria lamentar essa indelével nódoa à nação invasora, que bem, com remorso, podia exclamar com o seu Épico (*Henriade, Chant 3)*:
Mais pourquoi rappeller cette triste victoire! [Mas por que lembrar esta triste vitória!]
Les cruels monuments de ces affreux success! [Os cruéis monumentos desses terríveis sucessos!]
* *Nota de Neukomm*: Haydn morreu a 31 de maio de 1809, depois de quatorze meses da solenidade descrita. Eu tive a felicidade, tendo voltado da Rússia no fim de 1808, [de] passar quatro meses com ele e o abracei pela última vez a 18 de fevereiro de 1809, época em que deixei Viena para ir à França.

17. *Nota de Neukomm*: Ninguém melhor que Haydn sabia animar o talento nascente. Ele louvava quanto encontrava de bom nas obras dos novos compositores e lhes mostrava, da maneira a mais delicada, o como poderiam compor melhor. Em um dia, oprimido do reconhecimento da minha desanimação, dizia àquele meu mestre que eu jamais poderia fazer uma obra que fosse digna dos cuidados do seu liberal ensino; e organizando-se então em Viena uma nova classe de engenheiros, propus-lhe deixar a música e pretender um emprego nessa repartição, em que tinha alguma esperança de ser admitido. Haydn me consolou com a sua bondade ordinária, acrescentando: "Proíbo-te cuidar em deixares a música. Lembra-te que eu trabalho há cinqüenta anos para chegar ao ponto em que estou".

cularmente ao nosso assunto, visto expressarem a sua maneira de julgar as coisas ou conterem anedotas da sua história.

Assistiu no mês de novembro de 1791 ao festejo dado pela nomeação do *Lord* Maire e que lhe causou a maior estranheza. Depois do banquete, diz ele, houve baile em três salas. A primeira continha a alta nobreza e nela só se dançavam minuetos; não pude, diz ele, aqui demorar-me por causa do calor e da detestável música, executada por uma orquestra de dois maus rabecas e um violoncelo. Na segunda sala dançavam-se contradanças inglesas; a orquestra era melhor, porque havia um tambor, que obstava a se ouvirem as rabecas. A terceira sala, que era a maior, tinha uma orquestra pouco mais numerosa e menos má; aí se achavam mesas, à roda das quais estavam homens a beberem [*sic*]. Dançava-se muitas vezes sem se ouvirem os instrumentos, porque ora entoavam com gritaria cantigas em uma mesa e ora faziam noutra *toasts* não menos estrondosos.

Porém Haydn, alguns meses antes, muito gostou de uma cantiga de Handel, cantada na Igreja de São Paulo de Londres por quatro mil meninos da Escola da Misericórdia, guiados por um diretor. Declara que nenhuma música lhe fizera jamais tanta impressão como este canto singelo e religioso. Todos estes meninos, de vestidos novos, entraram em procissão e na maior ordem. O organista tocava mui bem e de uma maneira simples; depois, quatro mil vozes começaram a cantar ao mesmo tempo. É uma cerimônia que se renova todos os anos na mesma época. Achou a música de Vauxhall assaz boa, porém foi mais sensível vendo a estátua que a admiração aí erigiu ao célebre Handel.

A Alemanha sem dúvida renderá a mesma homenagem a José Haydn, Gluck e Mozart.

O que ele disse do Concerto Profissional do Teatro das Variedades Divertidas e do teatro e da ópera inglesa nada tem de notável para arte nem de satisfação para os amadores. Mas no concerto de um chamado Barthelemon, em 26 de março de 1792, houve uma cena bastantemente singular. Certo ministro da religião protestante caiu em um excesso de melancolia profunda ao tempo que se executava um andante de Haydn; a causa desta melancolia foi que o ministro tinha sonhado na noite precedente com igual andante, que lhe anunciava a sua morte próxima. Deixou repentinamente o concerto, pôs-se de cama e hoje, 25 de abril, um mês e um dia depois, diz Haydn, diz-se que morreu este ministro.

Na sua segunda viagem (o 1º de fevereiro de 1793), o Príncipe de Gales convidou a Haydn para um concerto que se dava no palácio do Duque de York, ao qual havia [de] assistir o rei, a rainha, toda a família real e o príncipe de Orange. Teve-se a delicadeza de não se executar senão obras de Haydn. O rei esteve atento, bem que não pudesse, ou não quisesse, ouvir senão música de Handel. Depois do concerto conversou muito com Haydn, apresentou-o à rainha, que disse as mais belas coisas ao compositor alemão. Esta princesa o convidou muitas vezes ao paço e deu-lhe a partitura original de um oratório de Handel (*O Salvador na Cruz*). Pediu-lhe que ficasse em

Inglaterra e ofereceu-lhe, durante o verão, um quarto no Palácio de Windsor, a fim de muitas vezes tocar música com ele. O rei uniu depois as suas instâncias às da rainha e ofereceu-lhe que mandaria buscar à Alemanha a sua mulher. Haydn recusou constantemente todos os oferecimentos, alegando o seu amor da pátria, assim como a amizade e o reconhecimento que o ligavam à casa de Esterházy. Presumiu depois que o rei e a rainha se deram por ofendidos nisso, pois que não lhe fizeram presente algum; e, quando deu um concerto em seu benefício (4 de maio de 1795), a Duquesa de York foi a única pessoa da família real que mostrou alguma generosidade, mandando-lhe cinqüenta guinés. Esta princesa sabia que o rei da Prússia, seu pai, fazia a melhor estimação de Haydn e por isso o recebia com distinção.

Haydn trabalhou prodigiosamente nas suas duas viagens: em um catálogo que tenho à vista, avalia-se em 768 folhas a música que compôs desde 2 de janeiro de 1791 até 1795; destes quatro anos, passou três em Inglaterra. Eis os títulos dessas diferentes composições: *Orfeu* (ópera séria), treze sinfonias, sendo uma concertante, *A Tempestade* (coro) é a sua primeira composição em língua inglesa, dez sonatas, seis quartetos, *O Sonho*, *Aclamação a Netuno*, *Os Dez Mandamentos*, três marchas, sendo uma para o Príncipe de Gales, doze modinhas e uma ária com acompanhamento para *Lord* Aringhton, uma overtura para o Convent Garden, duas marchas, uma ária sobre estas palavras *God save the King*, cumprimento ao doutor Harrington, 154 arietas escocesas, seis arietas inglesas, mais outras vinte arietas para diversas pessoas, divertimentos para flauta, dois divertimentos de muitas vozes, 24 minuetos e valsas, duas contradanças etc.

Haydn tirou quase quatrocentos francos das suas duas viagens a Inglaterra; isso deu-lhe decente subsistência e forneceu-lhe meios de comprar uma casa pequena com um jardim em um arrabalde de Viena.

Notas sobre Miguel Haydn

Miguel Haydn teria obtido grande celebridade se José não ilustrasse tanto o seu nome. Miguel nasceu cinco anos depois de José (14 de setembro de 1737); passou com o seu irmão primogênito de uma pequena escola, debaixo de um mestre-de-capela, em qualidade de menino de coro, para igual exercício na capital e na capela da corte. O seu tiple era mais claro e ainda mais extenso que o de José; tinha três oitavas, de fá a fá. Cantou em 14 de outubro de 1748, diante de SS. MM. o Imperador e a Imperatriz Maria Teresa, uma [*sic*] *Salve Regina* que lhes fez tanta impressão, que quiseram ver o menino do coro Miguel e se dignaram informar-se da sua idade e país. Deram-lhe cada um doze ducados e ordenaram-lhe que pedisse alguma mercê. Miguel solicitou a permissão de mandar a metade dos ducados que acabava de receber para seu pai, pobre carpinteiro de carros de Rohrau; eis o indício da piedade filial, de que nunca deixou de dar provas enquanto seu pai e sua mãe viveram.

Sendo ainda menino do coro fez-se notar por composições precoces, marcadas ao cunho da originalidade e do vigor de espírito, o que formou o caráter do seu talento. Logo se fez bastantemente hábil no órgão, para substituir, quando era preciso, o organista da catedral; e todos sabem a que grau de perfeição está levado este instrumento na Alemanha. Foi também hábil na rabeca e fez rápidos progressos na língua latina e estudo da literatura clássica. Na idade de vinte anos foi chamado, em qualidade de mestre-de-capela, para Gross Wardein em Hungria. Porém, se o título foi honroso para a sua idade, o ordenado não chegava para a sua subsistência, suprindo a ela com algumas obras de música de que tirava alguns socorros. Estas composições o fizeram conhecer e, cinco anos depois, o príncipe arcebispo eleitor de Salzburgo o nomeou[18] seu mestre de capela e de concertos, com o ordenado de trezentos florins com mesa e casa. Casou-se aos vinte e um anos com a filha do organista da Catedral de Salzburgo, a senhora Lipp, que tinha vindo da Itália com bela voz e bom método de cantoria, que seu marido ain-

18. *Nota de Neukomm*: O conceito que Mozart fazia de Haydn manifesta-se do seguinte: em um dia que se executava na casa de um amador de música em Viena uma nova sinfonia de Haydn, dirigindo este mesmo a orquestra, achando-se nela Mozart, por casualidade ficou ao lado de K., compositor cheio de amor próprio. Em um daqueles rasgos de gênio, que tão eminentemente caracterizam as obras de Haydn, K. exclamou com ar de desprezo: "Eu não teria feito isto". Respondeu Mozart: "Nem eu também; mas sabeis por que nenhum de nós faria isto? É porque nem um nem outro temos assaz gênio para achar uma idéia tão feliz". Este K., saindo da primeira representação da *Flauta Encantada* de Mozart, dizia da overtura inimitável desta obra sublime: "O pobre Mozart quis dizer alguma cousa nesta sinfonia". Não vos desconsoleis, pois, jovens compositores, quando os K. se esforçam por sufocar o vosso gênio nascente; recordai-vos de que os Haydn e Mozart não poderão escapar a seus envenenados tiros; trabalhai; a palma vos espera; pouco importa que seja antes ou depois da campa.

da mais aperfeiçoou. Esta cantora estava também empregada nos concertos do eleitor.

Miguel Haydn teve cem florins de mais quando substituiu a seu sogro[19] como organista. Isto foi, pouco mais ou menos, o que obteve deste governo, que, deixando-o pobre, tratava-o duramente e o maltratava com trabalho. Contudo, quando o arquiduque Fernando da Áustria[20] ocupou a Sé de Salzburgo, aumentou a seiscentos florins os ordenados das funções a que Miguel Haydn presidia.

Nenhuma de suas numerosas obras lhe foi paga com generosidade, à exceção de algumas composições sagradas que ofereceu à Imperatriz na viagem que foi a Viena em 1801, assim como uma missa de dois coros que compôs para a corte de Madrid. Foi acolhido com entusiasmo pelos compositores e amadores da capital da Áustria durante a viagem mencionada.

A Imperatriz lhe pediu uma nova missa de Requiem, que meditou longo tempo com toda a força e madureza do seu gênio. Porém, como Mozart, foi perseguido do pressentimento que trabalhava para o seu próprio funeral e não a terminou; sobre isto se explicou muitas vezes com seus amigos.

Teve com Mozart as mais doces relações, dignas de memória. Sendo empregados ambos durante algum tem-

19. Miguel Haydn não foi jamais o mestre-de-capela, mas sim, o mestre nos concertos e organista da corte. Este arcebispo era um dos príncipes soberanos do Império Germânico, porém jamais foi eleitor.

20. *Nota de Neukomm*: Foi o grande Mozart, e não o sogro de Miguel Haydn, que foi substituído na qualidade de organista da corte e por ordem do dito príncipe.

po no serviço do príncipe de Salzburgo, contraíram uma íntima amizade que sempre os uniu.

Mozart deu-lhe um testemunho, não equívoco, que será sobretudo apreciado pelos que conhecem a afinidade que existe, de ordinário, entre talentos de uma ordem distinta, quando se põem ao lado uns dos outros. O príncipe arcebispo tinha encomendado a Miguel Haydn, para um dia fixo, duetos e algumas árias de soprano; uma moléstia que se tornou grave impediu a Miguel o entregá-los no termo prescrito; porém, o arcebispo eleitor ameaçou de punir a este seu mestre-de-capela com a suspensão dos ordenados. Mozart sabe disto e trabalhou em silêncio com o maior ardor para cumprir a tarefa do seu amigo doente. As composições requeridas ficaram prontas e foram executadas no dia aprazado, mas debaixo do nome de Miguel Haydn, que se considerou no público ser o seu autor. No dia dos anos de Mozart, a sua mulher costumava dar-lhe, como o mais agradável mimo que podia fazer, uma partitura de Miguel Haydn[21].

Estava já na cama da morte, quando o Marquês de Manfredini lhe fez entregar cem florins pelos graduais oferecidos a este príncipe. Morreu em Salzburgo em 10 de agosto de 1806, quase dois anos antes de seu irmão primogênito.

21. *Nota de Neukomm*: Este príncipe, hoje Duque da Toscana, que se fez adorar no seu reinado em Salzburgo, é um dos mais sábios conhecedores e amadores da música, e apreciava a Miguel Haydn no seu justo valor. Se não melhorou a sorte deste grande compositor à medida de seus desejos, deve-se atribuir, por causa única, às circunstâncias que resultaram da guerra infeliz que paralisou toda a Alemanha.

Miguel teve excelentes amigos, entre outros, o digno abade do Mosteiro de São Pedro e o respeitável cura de Armsdorf (M. Werigande Rettensteiner), ambos, como Mozart, lhe adoçaram muito o rigor da sua sorte em Salzburgo. Porém o melhor de todos os seus amigos foi sempre José Haydn, que o socorreu muitas vezes. A amizade mais terna reinou entre eles desde a infância até a velhice sem nenhuma discórdia; tinham-se recíproco amor e estima. Modestos, amantes [*aimants*] e de costumes doces, ignoravam as paixões que atormentam algumas vezes os homens de talento e que lhes fazem freqüentemente pagar bem caro a sua glória.

O discípulo querido de José, e que foi também discípulo e amigo de Miguel, que viveu em estreita intimidade com ambos, nos afiançou a sua ternura recíproca, bem como[22] os fatos de que se compõe a sua história[23].

22. *Nota de Neukomm*: Este fato não é do meu conhecimento. Não creio que M. Haydn jamais pusesse o seu nome sobre a composição de outro autor; mas lembro-me que ele me mostrou uma obra de quintetos, que a cobiça de um mercador de música tinha feito imprimir com o nome de seu irmão. M. Haydn, tendo muita penetração e, com o espírito ornado de erudição, tão vasta como sólida, era de uma singeleza que unida a essas qualidades superiores não se acha senão em uma boa alma. Diz-se que o arcebispo o tinha tratado com dureza. Esta expressão é um pouco forte e se não deve entendê-la à letra; é filha do ressentimento de um antigo amigo zeloso de M. H. e que não podia perdoar o não se ter feito mais justiça a este grande homem. É verdade que o príncipe não fez jamais nada para o animar, antes, ao contrário, lhe fez sentir que as suas obras lhe desagradavam. Porém M. H., despido de todo o amor próprio, nunca se queixou disso, como se previsse que a posteridade renderia em algum tempo à sua memória as homenagens a que na vida tinha direito.
23. *Nota de Neukomm*: Devia dizer aqui "a maior parte dos fatos", porque nesta *Memória* há alguns que ignoro e cuja autenticidade não afianço.

Apesar do cuidado que tomamos de os haver das melhores fontes, foi necessário examiná-los cuidadosamente. Muitos dos que se publicaram, ainda na Alemanha, necessitam de ser retificados. MM. Griesinger e Dies são os biógrafos destes compositores, a quem se deve dar mais crédito. José e Miguel Haydn não deixaram filhos.

Miguel compôs tanta música como seu irmão; os catálogos que se publicaram, e que são mui incompletos, contêm, a saber, em música de igreja sobre palavras latinas, vinte missas, muitos *Credo* e *Gloria* separados, dez ofertórios, onze graduais, cinco *Te Deum*, três vésperas completas e um *Dixit* separado, nove ladainhas, quatro *Tantum ergo*, cinco responsórios, duas completas, duas trevas de quatro vozes, duas *Regina*, uma *Alma*, uma *Ave*, uma *Salve Regina* (estes quatro últimos pedaços com acompanhamento de orquestra).

Música de igreja sobre palavras alemãs: quatro missas, uma ária, uma ladainha, um *Te Deum*, quatro vésperas (cantochão), um *Benedicite*, um *Tantum ergo*, uma *Regina cœli*, *Devoção no monte das oliveiras*, muitos pedaços com ou sem acompanhamento de orquestra.

Óperas, oratórios, árias: *O Pecador Penitente* (oratório), *São Pedro Arrependido* (duas partes), *O Combate entre a Penitência e a Conversão*, a *Cantata dos Pastores*, muitas árias, coros para o drama à *Virgem do Sol*, outro coro, *Andrômeda e Perseu* (drama em dois atos).

Música instrumental: trinta sinfonias, duas partes para instrumentos de sopro, duas serenatas, um concerto para flauta, uma *pastorella*.

Apêndice do Tradutor. Nº I

No mesmo ano de 1810 em que M. Le Breton recitou a sua *Memória* no ilustre Corpo Acadêmico de Paris, saiu em dezembro à luz o *Dicionário Histórico dos Músicos*, de MM. Charon e Fayolle[24], que fez a coleção da substância das obras inglesas de Burney Hawkin[25] [*sic*], sobre a *Geral História da Ciência e Prática da Música*, e de outros escritores da Alemanha, Itália e França no assunto; nele se acrescentam várias anedotas no artigo relativo a Haydn que eram dignas de entrar na *Memória* de M. Breton [*sic*] e que não será inútil aqui referir[26].

Haydn teve a honra, quando esteve em Inglaterra, de ser declarado doutor pela Universidade de Oxford, cuja distinção não foi conferida a Handel, não obstante aí viver trinta anos, e que a mesma Universidade só concede ao científicos professores de música naturais de Inglaterra; sendo muito de notar que a nação inglesa é a única que classifica a música entre as ciências e dá os

24. *N. do E.*: cf. nota 4.
25. *N. do E.*: O tradutor mistura aqui as obras de Hawkins (*General History of the Science and Practice of Music*, 1776) e Burney (*A General History of Music from the Earliest Ages to the Present Period*, 1776-1789).
26. *Nota do tradutor*: Nesta obra interessante se enumeram, entre os amadores e escritores de música, os grandes nomes de Kepler, d'Alembert, Laplace, Legrange, Herschel, Franklin, inventor do harmônico; ele faz menção honorífica de Damião de Goes, cronista de El-Rei D. Manuel, nosso intitulado soberano feliz, em cujo reinado se descobriu o Brasil na era de 1500, o qual depois de viajar e se instruir pela Europa também adquiriu fama por suas composições músicas. Glareano, que o conheceu em Friburgo, inseriu no seu *Dodecachordio* a seguinte nota: "*in componendis Symphoniis magnus artifex, et a cunctis doctis viris amatus plurimum*".

graus acadêmicos aos de preeminente mérito na teoria e execução. Quando Haydn se apresentou para ser criado doutor, dirigindo ele mesmo a orquestra, todo o Corpo Acadêmico aclamou: "Bravo Haydn!" Ele modestamente respondeu: "Eu vos agradeço."

Freqüentemente se repetia que a Inglaterra devia a reputação de que gozava na Alemanha. O merecimento das suas obras era na verdade reconhecido, mas só lhe foi tarde concedido a geral homenagem que acompanha ao gênio da primeira ordem.

Haydn compôs a *Criação* em 1797, na idade de 65 anos, com o fogo que não se acha senão na mocidade. Na primeira execução, ele mesmo fez o compasso, e todos que a presenciaram sentiram o mais vivo entusiasmo ouvindo essa harmonia divina.

A respeito da sua última obra das *Estações*, os autores do sobredito dicionário, mencionando a dureza da letra do poeta, citam a seguinte passagem de uma carta que lhes escrevera M. Neukomm:

> Jamais me esquecerei da sagacidade com que o compositor tirou do oratório das *Estações* as lâminas mais finas e as mais delicadas. A cada golpe do cinzel, a massa informe se animava debaixo dos dedos deste novo Fídias, e a fria argila se tornou em vivo nume.

Haydn, nas suas sinfonias, é um verdadeiro modelo para todas as partes da arte da música. Do motivo mais simples, e muitas vezes o mais comum, faz sair o canto mais elegante e o mais majestoso. O emprego dos instrumentos de sopro é admirável.

No artigo "Mozart" refere-se o seguinte. A obra de Mozart *Don Giovanni* não foi bem aceita em Viena nas suas primeiras representações. Em um dia falava-se dela em uma companhia mui numerosa, em que se achava a maior parte dos conhecedores da capital e, entre outros, Haydn. Mozart não estava presente; todos concordavam em dizer que a obra era mui estimável, de uma imaginação brilhante e de um gênio rico; mas cada um achava que criticar. Todos deram a sua decisão, exceto Haydn. Pediu-se-lhe que dissesse a sua opinião; ele respondeu com a sua usual modéstia: "Tudo o que sei é que Mozart é o maior compositor que atualmente existe".

Mozart dedicou-lhe uma obra de quartetos que se pode considerar como a sua melhor obra neste gênero. Dizia: "Deve-se esta delicadeza a Haydn, pois que dele é que aprendi a fazer quartetos".

Na Itália, o célebre Corelli teve a honra de se lhe erigir um busto no Vaticano com esta inscrição: *Corelli Princeps Musicorum.*

Na França, o famoso Ducarroi também obteve a honra de lhe perpetuar a sua memória o cardeal Duperron, que sobre o seu túmulo pôs o seguinte epitáfio:

> Contempla, viandante, quem quer que sejas, que jaz sob esta campa *Estácio Ducarroi de Beauvais.* Ele não precisa de título mais brilhante e túmulo mais magnífico. Este basta para honrar as cinzas de um homem piedoso e modesto, que não somente a França, Itália, e Espanha, mas também a Europa inteira declararam príncipe dos músicos, que parece ter chamado a harmonia do céu para introduzir nos templos, como se pode julgar pelas pro-

duções de seu gênio. Tantos bens não estão sepultados nesta urna. Tais homens não morrem; o esplendor de sua reputação lhes dá uma nova vida, semelhantes ao Sol que todos os dias desaparece e torna aparecer com brilho novo. Orai por ele. Viveu sessenta anos e morreu no ano da salvação 1609.

Que diferença hoje há entre esses professores e Haydn, que M. Le Breton justamente intitulou príncipe da harmonia! Estando a música muito mais adiantada neste século, tem-se feito menos honras fúnebres à memória dos seus mestres modernos.

Apêndice do Tradutor. Nº II

M. Bombet, na sua memória das *Vidas de Haydn e Mozart*, publicada em 1816, com *Observações sobre o Gênio de Metastasio, e Presente Estado da Música na França, e Itália*[27], combina com a *Memória* de M. Le Breton e acrescenta outras, citando as autoridades que as certificam. Somente extrairei algumas relativamente às virtudes de Haydn.

A sua religião é conspícua na prática das suas composições. Na frente dos rascunhos de qualquer obras [*sic*] de música punha o título *In Nomine Domini*, ou *Soli Deo gloria*; e no fim, *Laus Deo*. Dizia que, logo com este prelúdio, sentia aumentar-se o seu talento; e quando se ocupou na partitura da *Criação*, sentia-se tão penetrado de sentimentos religiosos que, antes de se assentar ao pia-

27. *N. do E.:* Cf. nota 5.

no, orava com instância a Deus, suplicando que lhe inspirasse pensamentos de harmonia com que o pudesse louvar dignamente.

A sua lealdade ao soberano era tão viva como a religião. Tinha já 78 anos de idade quando os franceses sitiaram Viena. Durante as descargas de artilharia, que ouvia na sua humilde casa no subúrbio daquela capital, o bom velho se ergueu da cadeira e, com majestoso ar, clamou às pessoas que estavam em sua companhia horrorizadas de susto. Que terror é este? Onde está Haydn, não vem desastre. Entrou a estremecer e pediu que o levassem ao piano e aí cantou, até desfalecer, seu hino nacional *Deus Preserve o Imperador*.

A sua candura se manifesta na ingenuidade com que reconhecia e confessava o superior mérito das pessoas da sua profissão. Estando em Londres no ano de 1791, assistiu à festa do aniversário da comemoração do óbito de Handel na igreja da abadia de Westminster, ouvindo a principal obra desse grande compositor do sublime oratório *Messias*, executada por mais de seiscentos cantores e quatrocentos instrumentos, disse, como fora de si: "Este homem é o mestre de nós todos". Concordava na justiça do título, que em Inglaterra se dava a esse insigne alemão, de "gigante da música". Ali procurou ouvir e estudar as mais famosas obras desse autor; e, enriquecida a sua imaginação com elas, compôs em Londres as celebradas sinfonias, inimitadas e inimitáveis, que se executaram na sala dos concertos de M. Salomon, distinguindo-se pela supereminência a última na Companhia de Despedida para o seu país, que foi anunciada nos periódicos da dita capital, tendo concorrido a principal fidalguia britânica e os mais eminentes professores de arte, que deram o seu juízo de admiração, estando ali, como disse o redator do *Morning Chronicle*, "todas as potências da música".

A sua modéstia se mostrou sempre na franqueza com que avaliava as alheias e as próprias composições, sem o orgulho de as defender como feitas segundo as regras da arte. Havendo formado os seus princípios de uma música científica e de nova carreira, pela própria observação e experiência do que fazia um efeito singular, e em que os contrapontistas do seu tempo achavam erros e extravagâncias, quando se lhe pedia a razão de certas passagens e modulações desusadas, não respondia com a soberba dos compositores ordinários, sustentando conformidade à mestrança da ciência, mas simplesmente dizia: "Fiz assim, porque me pareceu melhor". Tal é a única digna resposta dos homens de gênio, que não se aferram servilmente às regras triviais e se constituem eles mesmos os modelos e regras para os outros. "Acharei, ou fará caminho", foi a letra do célebre Bacon, que abriu novo trilho aos amadores das ciências.

A este propósito conta-se que um fidalgo inglês, desejando tomar lições de contraponto com Haydn, prestando-se este ao ensino, logo na primeira lição, tirando o discípulo da sua algibeira um quarteto do mesmo Haydn, lhe notou erros. Haydn, bem que se turbasse algum tanto com a censura do pedante, respondeu singelamente a seu modo: "Fiz assim, porque a passagem tinha bom efeito". Replicando o presumido, tornou a dizer Haydn: "Fiz assim, porque me pareceu mais conveniente". Tornando a instar o aprendiz, Haydn disse: "Pois, meu *Lord*, arranjai o quarteto à vossa moda, ouvi executá-lo e então experimentareis qual é o melhor". O fidalgo não se satisfez com a proposta, argüindo que o arranjamento de Haydn nunca podia ser melhor, sendo contrário às regras. Haydn insistiu em dizer: "O que fiz, fiz, é mais agradável". Por fim, perdendo a paciência com as impertinências do censor, concluiu retorquindo: "Vejo enfim, meu *Lord*, que sois bom para me dar lições; mas sou obrigado a confessar que não mereço a honra de ter tal mestre".

A sua prudência consta pela certeza de que não fazia as suas principais composições à pressa, nem as dava por acabadas só com os primeiros rascunhos. Uma sinfonia não lhe levava menos de mês. Nos oratórios da *Criação* e das *Estações* empregou meses. Isto não é prova de esterilidade de idéias, antes, de delicadeza de gosto e apuramento de juízo, para ter tempo de comparar entre si os desenhos que fazia e decotar a luxuriante exuberância dos motivos que a fantasia lhe brotava[28].

A sua benevolência, exaltada pelos sentimentos da amizade, se evidencia do ardor com que louvava ao pro-

28. *Nota de Neukomm*: Haydn me dizia, em 1803, no fim da sua carreira: "Agora é que sei como deveria fazer para bem compor, mas as minhas forças físicas não me permitem tirar partido da minha experiência".

fessor contemporâneo Mozart (o que é raríssimo), sem a menor filáucia e arrogância do êmulo e rival. Cita-se uma carta de Haydn, em que se escusou de escrever música para ópera no Teatro de Praga, dando a razão, porque nesta espécie de escrito o grande Mozart não pode ser igualado por algum outro compositor.

> Se estivesse em meu poder imprimir sobre todo o amador de música e, especialmente sobre o nosso grande homem, o conveniente juízo das inimitáveis obras de Mozart; se eu pudesse fazer-lhes sentir as suas belezas com o mesmo ardor e convicção com que as compreendo e sinto, todas as nações rivalizariam umas com as outras, a fim de possuírem tal jóia. Perdão à minha digressão. Amo extremosamente ao homem etc.

Haydn também disse ao pai de Mozart: "Declaro ante Deus e como homem de honra que o vosso filho é o maior compositor de que tenho notícia".

Apêndice do Tradutor. Nº III

Extrato do dicionário alemão intitulado *Lexicon Conversações*, ou *Manual Enciclopédico*[29], publicado em Leipzig, com privilégio de El-Rei de Wirtemberg em 1817.

Neste dicionário vem o artigo "Haydn", em que se descreve a sua vida e a sua preeminência na música, conforme ao que se expôs nesta *Memória*; nela porém se

29. *N. do E.*: *Conversations-Lexicon oder encyclopädisches Handwörterbuch für gebildete Stände*, Leipzig, Altenburg, Brockhaus.

acrescentam as seguintes notáveis anedotas; tudo é interessante nos homens extraordinários.

Haydn de idade de cinco anos, quando seu pai tocava harpa, tomava seu lugar a par, figurando de músico da orquestra com uma tábua e varinha, como se tocasse rabeca. O mestre-de-escola da vizinha vila de Haimburg, que o acaso conduziu a este concerto, notou que o menino tinha bastante compasso e por isso se encarregou de o ensinar.

Quando Haydn assistiu ao grande concerto que em Viena se deu em honra sua, foi tão extasiado com o poder da harmonia por ele composta nas seguintes palavras – "houve luz" – que lhe borbotaram as lágrimas dos olhos e gritou com os braços abertos: "Tudo não vem de mim, mas de lá de cima".

No dito dicionário vem o artigo seguinte que faz honra ao discípulo predileto de Haydn:

> Segismund Neukomm, compositor vivo, é dotado de muito gênio e dele o público músico pode ainda esperar muitas produções excelentes. Ele nasceu em Salzburgo a 10 de julho de 1778. Apenas na idade de seis anos logo se descobriu nele talento e inclinação grande para música. Foi seu mestre o hábil organista de Salzburgo, por nome Weissaner, que em pouco tempo o adestrou no exercício do seu emprego. Tendo quinze anos, foi nomeado organista da universidade em Salzburgo, onde continuou seus estudos. Seu pai, que era mestre na caligrafia da mesma universidade, teve muito cuidado de sua cultura científica e música. Sendo sua mãe parenta da mulher de Miguel Haydn, este, com a benevolência que lhe é própria, se ofereceu a dar ao jovem Neukomm instruções para composição e o habilitou muitas vezes as funções

de primeiro organista da corte. Tendo dezoito anos, foi empregado no teatro da corte em Salzburgo.

Em 1798 foi a Viena, onde José Haydn, pela recomendação de seu irmão, o recebeu entre os seus discípulos e o tratou como seu próprio filho. Nesta feliz situação se aproveitou sete anos, fazendo assiduamente esforços para merecer a afeição de seu mestre. Em 1804, partiu para Petersburgo, onde foi nomeado mestre-de-capela e diretor da ópera alemã. Grave enfermidade o obrigou a abandonar este posto. Em 1807 foi nomeado membro da Academia Real de Música de Estocolmo e, no ano seguinte, membro da Sociedade Filarmônica de Petersburgo. Quando esteve nesta corte, compôs muitas obras excelentes, que tiveram geral aprovação; mas só em 1808 se resolveu publicar algumas das suas composições, quando tornou para a sua pátria a reiteradas instâncias dos conhecedores e principalmente de seu digno mestre, a quem teve a felicidade de abraçar ainda quatro meses antes da sua morte. Entre estas, merece ser nomeada em primeiro lugar a sua grande *Fantasia* para toda a orquestra, obra tão elevada e enérgica como feita com justeza e regularidade, pela qual ele se criou um gênero novo; também fez imprimir um belo quinteto para clarinete ou oboé e muitas pequenas obras, como por exemplo, *La plainte d'un berger de Gôthe* [*sic*], com acompanhamento de cravo. Fez muitas peças para o teatro alemão, como uma música mui bela para os coros na tragédia de Schiller *La Fiancée de Messina*; uma grande ópera, chamada *Alexandre*, e muitas cantatas, salmos, árias e obras para cravo, que ainda existem em manuscrito. Todas as suas produções são variadas e belas e tão originais e altivamente concebidas como feitas conforme às regras; mas o autor parece ter maior inclinação e talento para o gênero sério. O seu chefe d'obra o mais novo é o *Requiem* ou a *Missa pro defunctis*, que ele publicou. Neukomm depois foi a França e daí partiu para o Brasil, onde ainda se acha.

Apêndice do Tradutor. Nº IV

Extratos do poema da música de D. Tomas de Yriarte. Publicado em Madrid em 1779[30].

Celebré de la Música el empleo
En el culto del Numen sacrosanto;
Ya, sirviendo a los hombres de recreo
En el teatro público, la canto.
Si, del cielo ministra soberana,
Allá cumplió su obligación primera,
Aqui se nos humana,
Y a nuestros passatiempos coopera[31].
Vosotros, o Censores
Orgullosos y adustos,
Jueces tan insensibles como injustos,
Que el tesoro de músicos primores
Solo miráis como recreo fútil,
Humilde profesión y ciencia inútil,
Si acaso no os contiene
El fundado temor de que condene
El orbe entero vuestro juicio vano,
Y abatir presumís un ejercicio
En que el ingenio y corazón humano
Hallan deleite unido al artificio,
Apprended en mis versos
Qual es su dignidad y usos diversos.
[...]
Pero aunque la admirable melodía
A la naturaleza no debiera

30. *N. do E.*: Cf. nota 3.
31. *Nota do tradutor*: Canto IV.

Tan alta aprobación y patrocinio,
La sabia antigüedad defenderia
A todo el que la estudia y la venera
Sujetos al dominio
De las gratas cadencias musicales
Los principes supremos,
Legisladores, fuertes generales,
Y severos filósofos veremos[32].

Solo a tu Numen, Haydn prodigioso,
Las musas concedieron esta gracia
De ser tan nuevo siempre y tan copioso,
Que la curiosidad nunca se sacia
De tus obras mil veces repetidas.
Antes serán los hombres insensibles
Del canto a los hechizos apacibles,
Que dejen de aplaudir las escogidas
Cláusulas, la expresión, y la nobleza
De tu modulación, o la estrañeza
De tus doctas y harmónicas salidas.
Y aunque a tu lado en esta edad numeras
Tantos y tan famosos compatriotas,
Tu solo por la música pudieras
Dar entre las naciones
Vecinas, o remotas,
Honor a las germánicas regiones[33].

Si el elogio de Joseph Haydn[34] *se hubiesse de medir por la aceptación que sus obras logran actualmente en Madrid, parecería*

32. *Nota do tradutor*: Canto III.
33. *Nota do tradutor*: Canto V.
34. *Nota do tradutor*: O autor deste poema seria ainda mais profuso em seu elogio de Haydn, se o tivesse composto depois das obras deste composi-

desde luego excessivo, u apasionado. El autor de este poema, sin entrar en paralelos odiosos, ni querer obligar a sus lectores a ser tan parciales de Haydn como el mismo se precia de serlo, se ha contentado con indicar algunas prendas que más sobresalen en las composiciones de aquel insigne maestro, y que nadie puede negarle, principalmente su fecundidad. Per sin duda hallarán diminuto este elogio los que oigan sus varios juegos de sinfonías, ya concertantes, ya aquartetadas, sus quartetos, trios y sonatas, su oratorio sacro intitulado Il Ritorno di Tobia *a cinco voces, y su* Stabat mater *a quatro.*

Os amadores da música terão a complacência de acharem a honra desta arte não só em grandes príncipes e soberanos dos tempos antigos e modernos, que se nomeiam na história, mas também no autêntico monumento seguinte do nosso clássico D. Antônio Caetano de Souza, na sua *História Genealógica da Casa Real Portuguesa*, referindo à liberal educação e excelência de vida do restaurador da monarquia, o Senhor D. João IV, de gloriosa memória.

tor mencionadas na *Memória* de M. Le Breton, que saíram à luz no fim do século passado e princípio do presente. Então o poeta se extasiaria, principalmente ouvindo a espantosa obra da *Criação*, em que os virtuosos da orquestra são os arcanjos e os nossos primeiros pais no paraíso terreal, louvando ao onipotente gerador pelas maravilhas dos seis dias em que deu existência ao universo; bem podendo-se aclamar com o inglês épico do *Paraíso Perdido*, pela soberba e ingratidão dos homens na descrição que faz dos angélicos concertos:
Celestial voices to the midnight air,
Sole or responsive each to others note,
Singing their great Creator [...]
[Vozes celestiais ao ar da meia-noite,
Sós, ou umas respondendo as notas das outras,
Cantando o seu grande Criador]
[*Paradise Lost*, IV, vv. 682, 683, 684].

O duque D. Teodósio seu pai não punha nos olhos do desejo mais que em o ver livre dos riscos daquela idade; para o que lhe facilitava novas ocasiões em divertimentos inocentes, em que passasse com gosto o tempo. Entre estes foi o da música a que teve particular inclinação; e nela por mestre a Roberto Tornar, inglês de nação, discípulo de Geri de Gresen, o qual em Madrid havia tido lições do célebre Capitan; a ele mandou vir o duque seu pai, e foi mestre da capela ducal de Vila Viçosa. Foram os progressos tão admiráveis nesta estimadíssima arte, como adiante diremos.

Havia nos primeiros anos o duque D. João aprendido com felicidade a ciência da música, a que, voltando agora parte do apetite que lhe sobejava de outras inclinações, se empregou nela tanto, que chegou ao seu perfeito conhecimento. Alguns políticos excitaram se convinha aos príncipes a música e a poesia; sendo profissões honestas e louváveis, deixadas as razões em que fundam a sua opinião, se não é paradoxo, é admirável o que um filósofo suspeitou neste caso, que, como os homens não podem igualar aos príncipes nos dotes da fortuna, não sofrem que os príncipes os possam exceder-nos da natureza.

Amou a música com tanto gosto e inclinação, que foi eminente nesta arte, sendo tanta a curiosidade que nem as grandes ocupações de rei lhe puderam diminuir para deixar de a seguir enquanto viveu; assim todos os dias se levantava às cinco horas e até as sete se empregava no estudo da música; depois continuava com os negócios e governo de seus reinos; e tanto que acabava de jantar, nas horas de sesta, que eram para o descanso, se empregava em prova as músicas que lhe vinham de fora, para ver as que havia de mandar cantar na sua capela; e com os sinais que lhe punha, as aprovava ou reprovava, e sempre concluía esta prova com um *Miserere*. Não queria que os seus músicos de ordinário cantassem obras humanas, senão música da igreja, porque a outra afeminava as vozes. Compôs as obras seguintes: *Defensa de la musica moderna contra la errada opinion del Obispo Cyrillo Fran-*

co, que se imprimiu em quarto, sem ano[35], nem lugar. Depois se imprimiu em Lisboa em 1649, também sem o lugar da edição. Outra vez traduzida na língua italiana se imprimiu em quarto, sem dizer onde; porém entende-se que foi impressa em Roma no ano de 1655. Nesse livro se vê no princípio um soneto do mesmo autor em louvor da música moderna, e nas letras iniciais dos quatorze versos se lê El-Rei de Portugal. É dedicado a João Lourenço Rebello, seu criado, tão insigne na música, que mereceu esse singular favor d'El-Rei, o qual era fidalgo da sua casa, comendador de S. Bartolomeu de Rabal na Ordem de Cristo; e no fim da dedicatória se vêem estas duas letras: D. B., que querem dizer Duque de Bragança. O padre João Álvares Frowo, capelão e bibliotecário d'El-Rei, mestre da Sé de Lisboa, imprimiu no ano de 1662 em Lisboa um livro em quarto intitulado *Discursos sobre a perfeiçam do Diathesaron, & louvores do numero quaternario em que elle se contem, com hum encomio sobre o papel que mandou imprimir o Serenissimo Senhor el Rey D. João IV. em defensa da moderna musica, & resposta sobre os tres breves negros de Christovão de Morales*[36]; nele vem no fim do referido encômio. Compôs mais: *Respostas a las dudas, que se posierão á la Missa* Panis quem ego dabo *del Palestrina*; as quais correm impressas no livro quinto das suas missas, que se estamparam em Lisboa no ano de 1654 em quarto. Depois se imprimiu esta obra separada em Roma por Maurício Balmonti em 1655 em quarto, traduzida em italiano. Compôs mais dois motetes, que andam impressos no fim das obras de João Lourenço Rebello, que se imprimiram em Roma e foram ouvidos com admiração dos professores, por se não fazer crível que um rei compusesse com tanta ciência. Fez também uma *Magnificat* a quatro vozes; o salmo *Dixit Dominus* a oito vozes; o

35. *N. do E.*: depois de 2 de dezembro de 1649.
36. *N. do E.*: P. Joam Alvarez Frovvo, Lisboa, na officina de Antonio Craesbeeck de Mello, 1662.

salmo *Laudate Dominum omnes gentes* a oito vozes; um concerto sobre o cantochão do hino *Ave Maris Stella*, e outras obras miúdas. Tinha composto um livro de música, e quando morreu recomendou se mandasse imprimir; o que se não executou. Pelo que ele foi tão ciente na música, que pudera ser um dos mais célebres professores desta tão estimada arte, de que ajuntou a famosa *Livraria*, que se conserva, a que deixou subsistência para aumentar-se. Foi naquele século mui valida dos príncipes a música, em que se distinguiram também o Imperador Fernando III e El-Rei D. Filipe IV de Castela, os quais não só foram inteligentes desta suave arte, mas compuseram motetes, que El-Rei D. João tinha na sua *Livraria de Música*; e entre outros era um soneto, que El-Rei D. Filipe compusera e havia posto em solfa, que começa:

Yaze a los pies de aquel sagrado Leño.
Bañada en tiernas lágrimas Maria.

A rainha Cristina, sabendo o gosto que El-Rei fazia da música, no princípio do seu reinado lhe mandou um manuscrito antigo de Guido Aretino, célebre autor, que reduziu a música ao estado presente das seis vozes: Ut. re, mi, fá, só, lá; e destas, e de outras excelentes obras deixou enriquecida a sua famosa *Livraria da Música*, da qual se principiou a fazer um excelente catálogo, de que o primeiro tomo corre impresso com o título *Primeira parte do Index da Livraria da Musica do muito Alto, e Poderoso Rei D. João IV, nosso Senhor. Por ordem de Sua Magestade, por Paulo Craesbeck anno de 1649*, em quarto com 521 páginas.

Referem-se neste Index dos livros que se guardavam numerados em quarenta caixões, dos quais uma grande parte são manuscritos de notável estimação, e compostos pelos mais peritos autores das nações portuguesa, castelhana, italiana, francesa, inglesa, alemã e holandesa.

Coleção Artes & Ofícios

Restauração
E. E. Viollet-le-Duc

Memórias Biográficas de Pintores Extraordinários
W. Beckford

Os Restauradores
Camillo Boito

Notícia Histórica da Vida e das Obras de José Haydn
J. Le Breton

Teoria da Restauração
Cesare Brandi

Título	*Notícia Histórica da Vida e das Obras de José Haydn*
Autor	J. Le Breton
Edição do Texto	Paulo Mugayar Kühl
Capa	Paula Astiz
Projeto Gráfico	Tomás B. Martins
Editoração Eletrônica	Aline E. Sato Amanda E. de Almeida
Revisão de Texto	Renata Maria Parreira Cordeiro
Formato	12,5 x 20 cm
Tipologia	Bodoni Book
Papel	Pólen Bold 90 g/m² (miolo) Cartão Supremo 250 g/m² (capa)
Número de Páginas	100
Fotolito	FHS – Studio e Pré-Impressão
Impressão e Acabamento	Lis Gráfica